AYUDA EFICAZ
EN PEQUEÑOS Y GRANDES
DESAFÍOS

Ayuda eficaz en pequeños y grandes desafíos

Experiencias vividas

Juan Rodríguez

TALENTO
PUBLICACIONES
2025

Las referencias bíblicas son de La Biblia: *Dios habla hoy* u otras ediciones bíblicas. En algunas secciones hago referencias cortas del folleto que ya he publicado *Cómo salir de las adversidades.*
También hago referencias cortas del libro *¡La ayuda vine a quien la acepta!* (publicado por Talento Publicaciones).

Título: *Ayuda eficaz en pequeños y grandes desafíos*
Autor: Juan Rodríguez

I.S.B.N.: 979-13-991270-0-3

Edita: TALENTO Publicaciones (Samuel Juliá Cristóbal)
E-mail: info@talentopublicaciones.com
Web: www.talentopublicaciones.com

Edición POD.

ÍNDICE

INTRODUCCIÓN

En algunas secciones de este libro narro cómo el Señor Jesucristo me libró de morir para que contara los hechos de Dios en mi vida. En **2 Timoteo** dice:

"No te avergüences de dar testimonio de nuestro Señor...".

El propósito es que Dios sea glorificado por las obras que Él sigue haciendo. Por medio de este libro doy testimonio de la fidelidad de Dios para conmigo **cuando dependo de Él**.

El tema de este libro puede ser un complemento a cada uno de quienes deseen saber cómo seguir con éxito en medio de las pruebas y diferentes situaciones de la vida, empezando desde la niñez hasta la juventud y en adelante.

Los pasajes bíblicos que acompañan a cada historia que contiene este material muestran la veracidad, respaldo y cumplimiento de las promesas de Dios en estos tiempos a quienes dependen de Él.

Cuando una persona ora con la fe y confianza, lo que pida en oración, siempre que esté de acuerdo con la voluntad de Dios, lo va a recibir. Dios no puede negarse a dar cumplimiento a sus promesas. Por esta razón, los testimonios impresos aquí son una realidad de la fidelidad de Dios a su Palabra y a cada uno de nosotros, **cuando de todo corazón confiamos y dependemos de Él.**

Este libro se puede usar como complemento, en un discipulado, en los siguientes temas:

- Dependencia de Dios para tomar decisiones en los detalles del diario vivir y en momentos variados
- Temas de oración en general
- Salud según la Biblia
- Economía personal, familiar y en general desde un punto de vista bíblico
- Educación que se piensa realizar

También puede ser material complementario de ayuda a quienes salen en fe en viajes de misión para evangelizar en otras partes del mundo.

Sensibilidad a la guía del Espíritu Santo: el Espíritu Santo guía en diferentes formas a cada individuo. Por tanto, el puede guiarle a hacer cosas iguales, parecidas o totalmente diferentes, como me guio a mí, según lo que se narra en el libro.

CAPÍTULO 1:
POR LA MISERICORDIA DE DIOS, SOBREVIVÍ A LOS DESAFÍOS DESDE LA NIÑEZ

Desde mi niñez, el mundo me había ido llevando a la destrucción total, pero cuando la ayuda viene a quien la necesita y la acepta, todo puede cambiar. La ayuda que acepté para evitar ser destruido me empezó a dar una vida digna y normal, la cual he disfrutado al encontrar la solución a diversas situaciones durante más de cincuenta años. Lo primero fue salir de la orfandad, el abandono y lo destructivo.

Análisis y reflexiones

"He puesto (...) en el Señor toda mi esperanza para contar todas tus obras" (Salmo 73:28).

Es decir, contar mucho de las obras que ha hecho Él en mi vida, y también por medio de mí: esto hago a través de lo que he escrito, entre otras cosas.

El contenido de este trabajo le dará pautas y opciones de lo que se necesita empezar a hacer en cualquier momento en la vida para solucionar diferentes problemas y obtener el éxito.

Los problemas de salud, que se presentan en cualquier momento, pueden ser una causa de frustración y hasta de depresión, si no se tiene salida. Cuando se obtiene la victoria contra los ataques a la salud, eso causa mucha alegría, paz y gozo abundante, incluso más todavía, como en los casos cuando se obtiene una solución permanente, como sucede en los testimonios. El motivo de contar estas experiencias es que el que realizó los milagros —es decir, el Señor Jesucris-

13

to— sea glorificado. También es para que cada lector se goce de los detalles que Dios puede efectuar en lo concerniente a la sanidad u otras áreas en la vida de una persona.

En cuanto a enfermedades, a veces pueden repetirse las situaciones cuando los síntomas vuelven a presentarse nuevamente, como sucede en algunos casos cuando una persona está enferma, si bien con la ayuda del Señor, así como vienen los ataques, también se van.

Dios siempre muestra su fidelidad en cualquier circunstancia. Él solamente quiere que dependamos de Él buscando su auxilio. El autor de este libro desea que a quienes les llegue este material les sea de mucha bendición.

Dios se goza de contestar nuestras oraciones cuando de corazón elegimos depender de él, incluyéndolo en nuestra vida diaria (*cf.* Salmos 37:4-5).

Depender y esperar en el Señor en todo es muy importante para que obtengamos el éxito en todas las áreas de la vida en su debido tiempo.

Dios ha sido muy fiel conmigo desde mi ni niñez en medio de las adversidades

Las dificultades por orfandad y abandono fueron parte de mi diario vivir en mi niñez. Mi madre murió cuando yo tenía cerca de cinco años. Mi padre se volvió a casar. Por la edad que tenía. no recuerdo los detalles de las consecuencias de esa situación, pero no fue la mejor porque eso empezó a crear en mí un sentimiento de orfandad y abandono.

Vivía con mis hermanos: un hermano de 8 años y mi hermana que empezaba a ser adolescente. El lugar en el que vivíamos carecía de medios de transporte para ir al pueblo; había que ir a caballo o simplemente caminar. Cuando hacíamos caminatas largas para ir allí a comprar algo de comida, muchas veces la sangre corría por las piernas. Por el cansancio, el barro y la lluvia, las venas se abrían y sangrábamos; eso causaba un dolor fuerte, y había que soportarlo hasta que las venas se sanaran por sí mismas.

No se puede explicar con palabras

Una de las fincas quedaba a varios kilómetros de la casa. Una vez mis hermanos tuvieron que ir allí y, cuando llegaron, se encontraron con el triste asunto de que una de las vacas se había rodado por una loma; era una de las mejores vacas y la que podría producir más leche, aliviando así la escasa alimentación que teníamos, cuando la había.

Así que la tarea de sacar la vaca del rodadero para que no muriese fue enorme; fue muy grande el esfuerzo que tuvieron que hacer un niño y una niña adolescentes, los cuales pesaban mucho menos que el animal. No se puede explicar con palabras, pero debió de ser una ayuda sobrenatural, divina, la que estos niños recibieron para poder lograrlo. Cuando contaron la historia, parecía muy difícil de escuchar.

El lugar donde se había rodado la vaca era un lugar apartado, lejos del alcance humano. Es decir, no había viviendas habitadas cerca del lugar. Había un bosque espeso y era difícil mirar distancias prolongadas. Era un lugar conocido por la presencia de osos, animales fieros y peligrosos, que solo se podían ahuyentar con petardos de pólvora, o bien había que tener armas de fuego para enfrentarlos y alejarlos del lugar.

Lo que ellos tenían para sacar el animal del fango eran algunos lazos y un machete. ¿Qué hubiese sido de ellos si hubiesen tenido que enfrentar una fiera tal como el oso?

Dios nos protegió en medio de adversidades

En una ocasión, mi hermano y yo teníamos que ir al pueblo. El tiempo no era favorable. Llovía, tronaba, relampagueaba y hacía frio. Era una tempestad. Los riachuelos habían crecido, lo cual representaba un peligro inmenso para cruzarlos. Nos refugiamos al abrigo de una cueva que había sido golpeada por los rayos, en tiempos de tormenta.

Después que la tormenta aminoró, continuamos el viaje. Como caminantes ermitaños atravesamos el inmenso e inhabitado páramo. El día se aproximaba a su fin y el tiempo

15

seguía castigando, como el verdugo que no puede ni siquiera pensar en la palabra perdón. Atravesamos los campos vacíos, libres de todo ser viviente; era como si la tierra hubiese tragado todo lo que poseía vida. Ya habíamos dejado atrás la peña que pudo haber sido el último lugar de nuestra existencia por el peligro que ofrecía en tiempos de tempestad.

También estaba quedando atrás el páramo imperdonable, pero nos esperaba algo que aún pudo haber sido lo peor, o por así decirlo, el fin de todo. Era el río. No era más un riachuelo por el que se podía cruzar solamente quitándose el calzado y saltando por las piedras en el centro, sin temor a que viniera una corriente de agua y se llevara lo que encontrara por delante. Las lluvias permanentes lo habían hecho crecer, llevando un caudal impredecible. Saber cómo pudimos cruzar es indescriptible, pero lo cierto es que así sucedió. La lluvia disminuía, las nubes se cruzaban entre sí; parecía que la naturaleza estaba próxima a ofrecer un cambio en el ambiente.

Sin pensar demasiado lo que iba a suceder, la oscuridad nos alcanzó, aunque no vino repentinamente, sino que como el viajero va avanzando poco a poco hasta que llega a su destino, así hacia la oscuridad; cada vez era más intensa y la lluvia, sin misericordia, continuaba, unas veces en mayor grado que otras. El camino o vereda estaba salpicado de piedra, cascajo o barro y agua. En algunos lugares, en los que las mulas y animales hacían uso de la vía, el lodo llegaba a las rodillas.

Como la lluvia nos acompañó durante casi todo el viaje, la ropa estaba mojada. Serían las ocho o nueve de la noche cuando llegamos a la casa de una familia conocida. A esa hora normalmente se acuestan.

Como era un lugar en el campo, por lo general todos los que viven en lugares así tienen perros para cuidar la casa. Hay perros mansos amigables, pero no todos son así. En algunos casos, son perros peligrosos, que tienen que amarrarlos por el día y dejarlos sueltos por la noche, mientras la gente duerme, para que los cuiden. Si los animales son peligrosos, pueden atacar a una persona y, si ésta no sabe defenderse, pueden ocasionarle daños graves y, en algunos casos, la muerte. De una u otra forma logramos tener acceso a la casa de la familia sin sufrir daños como los ya mencionados. Pero lo que sí tuvimos que experimentar fue la incómoda noche fría; la ropa se sentía como si estuviera lista para seguir echándole agua para lavarla. La familia no estaba en condiciones de proporcionarnos ropas secas para dormir una noche normal.

Escuela y adolescencia

Compañeros de escuela

Cuando era niño y había empezado a estudiar, una vez uno de mis compañeros me siguió; mi compañero de escuela era más grande que yo. Por alguna razón, discutimos y el muchacho grande empezó a pegarme. Me agarró del pelo, me dio vueltas y me maltrató en diferentes formas. Nadie podía defenderme porque nos encontrábamos en un lugar apartado, en un bosque, lejos de las viviendas.

Por varias razones, ir a la escuela para mí no era nada fácil. Había que cruzar riachuelos que cuando llovía podían ser peligrosos. A un lado y otro del camino, había casas donde había perros que cuidaban ladrando y había que tener cuidado. Los dueños no tomaban la responsabilidad que debían tener con los animales. Para evitarlos había que pasar muy, muy callados, de tal forma que no sintieran que alguien estaba cerca de la casa. Otra forma era ir en grupo, pero cuando eso se hacía, a veces había muchachos que provocaban a los perros y estos se enfurecían aún más. Estos animales no eran mansos.

El daño no fue mortal

Una vez una mujer de mi familia pasaba cerca de una de las casas y los perros salieron para atacarla. Ella se tapó la cabeza con una prenda que vestía. Los perros la atacaron y la mordieron, pero el daño que recibió no fue mortal. La muchacha llegó a la casa con mucho susto y aterrorizada por lo que le había sucedido.

Todo lo anterior y, mucho más, fueron circunstancias que crearon inseguridad en mí. Yo era muy sensible y me resultaba fácil estar asustado. Cuando me quedaba solo, si oía a alguien que hablaba cerca, me escondía en un zarzo, porque tenía miedo de que me robaran o me hicieran daño; ahí podría estar hasta que mi hermana o mi hermano vinieran, o alguien a quien yo conociera.

Cada uno tomó su destino

Mi hermana creció y llegó el tiempo de casarse; eso produjo cambios en muchas formas. Se reunieron todos los que heredarían lo que quedaba. Para entonces se contaba con ovejas, ganado, un animal para cabalgar y tierras para repartir.

Las ovejas se encontraban en los prados comuneros, pero cuando se emprendió la búsqueda de los animales para repartirlos, no aparecían por ninguna parte; era como si la tierra se los hubiese tragado. Algunos de los interesados en encontrarlas caminaron por oras, durante días, semanas y meses tratando de encontrar las ovejas desaparecidas, pero todo fue inútil.

De herencia alguien recibió una vaca, otro recibió un toro, otro recibió otra vaca y así sucesivamente hasta que todo se repartió.

Nos daba nostalgia cuando pensábamos en nosotros, en los animales y en que habíamos tomado cada uno su destino. Después de casi haber convivido todo el tiempo juntos, ahora las circunstancias suponían tener que separarnos y eso no se podían cambiar.

Viviendo con familiares

Por entonces, me fui a vivir con un familiar, pero por toda la inseguridad que había vivido hasta ese momento, las circunstancias no mejoraron para mí; en vez de eso, se pusieron peor.

Por el mismo miedo que yo tenía, no me sentía bienvenido. El rechazo empezó a tomar forma. La inseguridad, el temor y la incertidumbre se convirtieron en un tormento para mí. Los detalles se han quedado en el olvido y ya que no es posible registrarlos ahora. La angustia, el temor y la desesperación eran parte de mi diario vivir.

Por ser niño, no tenía a quien comunicar lo que sucedía y, por lo tanto, todo lo que pasaba, fuera agradable o desagradable, tenía que dejarlo pasar en silencio, dejando que las obsesiones que se formaban en mi mente por causa de las luchas no tuvieran fin. También esto era debido a todas las preguntas sin respuesta que me surgían.

A veces pasaba horas volteándome de un lado para otro, en la cama, meditando y pensando en todo lo que hasta ahora había experimentado y en todo lo que me esperaba en el caminar de la vida. Pensaba en lo que había experimentado en la aldea, en la que había vivido con mi hermana y mi hermano. Pensaba cuando tenía que esconderme en un zarzo porque oía hablar a alguien cerca de la casa y por causa de los cuentos de miedo que había oído de los adultos. Me producía inseguridad y mucho miedo. Los dichos o cuentos trataban de hombres viejos que se llevaban a los niños, de personajes ficticios que se llevaban también a los niños y esas historias crearon mucho miedo en mi vida; cualquier cosa me hacía sentirme inseguro y temeroso.

Cuando mis parientes se iban de viaje y tenía que quedarme solo, era una angustia interna que no sabía cómo resolver, ya que el miedo creado por las historietas y cuentos de miedo y terror me atormentaban.

A veces era como un laberinto sin salida, no sabiendo qué elegir: la angustia de la soledad, o el temor que eso me producía. Pasaban los días, las semanas, los meses y los tiempos, y la vida se hacía pesada y difícil.

Llegó el día en que cambiaría de hogar. Como hasta entonces, lo que había vivido era la parte de la niñez y los principios de la adolescencia. No estaba en capacidad de tomar decisiones propias, tenía que depender de las decisiones de los adultos quienes fueran.

Un largo viaje

Uno de mis parientes decidió aceptar que yo viviera en su casa. Era un nuevo hogar en el que no sabía qué me esperaba, ni cuánto tiempo debía estar allí. Una vez un pariente lejano me llevó en un viaje de varios días caminando. Caminábamos y caminábamos y el camino se hacía interminable; además de ser muy largo el camino, en muchas partes estaba lleno de barro. Después de muchas horas de viaje, mis piernas no tenían más el color normal de la piel; su color empezó a enrojecerse y la sangre empezó a aparecer en la parte exterior, cubriendo la piel de las dos piernas. El cansancio era inexplicable. No poseíamos alimentos adecuados para un viaje tan largo. Había que andar rápido al paso de los caballos.

Todo eso no fue lo peor; lo más tenebroso era que el responsable del viaje tenía enemigos. Eran enemigos a muerte, temía que le salieran en el camino en cualquier parte. Al final, lo que él temía le vino; en algún lugar, durante el viaje, uno de esos enemigos le salió al encuentro.

Por la razón antes mencionada, el responsable del viaje tenía que llevar arma de fuego. Cuando el enemigo apareció, se hicieron sonar los disparos, no se saben cuántos. No eran para matar, sino solamente para asustar y, de esa forma, ahuyentar al enemigo. Todo lo anterior lo sabía solamente el responsable del viaje. Como niño, me quedaba difícil entender todo.

Yo no lo supe hasta que sucedió; siendo un niño todo eso me causaba mucho miedo y traumas. Cuando sonaron los disparos, el enemigo de mi pariente salió corriendo y gritando. Lo que gritó no se sabe. Como yo no sabía lo que ocurría, todo eso resultó un ambiente de terror para mí, que añadía más temor y traumas a los que ya poseía. ¡Gracias a Dios nada peor ocurrió!

Nos hospedamos en la casa de un hombre que estaba enfermo. No podía orinar; cuando trataba de hacerlo, se quejaba amargamente por el dolor que el acto de orinar le producía. No estábamos en condiciones de poder ayudarle; es decir, no podíamos llevarlo al médico, así que pasamos la noche y al día siguiente continuamos el viaje sin poder hacer algo por él.

Lo que pasó con ese hombre solo en la eternidad se sabrá. Después de haber experimentado lo narrado del viaje, regresamos y yo continué viviendo con mis parientes. Ahí a veces había amargura; a veces, alegría; y otras se presentaba la angustia, y así se pasaba el tiempo.

En general, mi vida no había mejorado; seguía transcurriendo en forma parecida a lo que hasta ahora había sido.

Traslado a la capital

En mi niñez —y después, siendo adolescente— el mundo siguió golpeándome duro, haciéndome vivir una vida desesperanzada y sin propósito. Mi padre me llevó a Bogotá, la capital del país, para que viviera con una de mis hermanas. No podía estudiar normalmente por razones de economía.

Mi hermana tenía trabajo, pero su sueldo no era alto. Eso hizo que yo tuviera que también buscar trabajo y estudiar por la noche. Los trabajos que tuve, a veces, en diferentes formas, no fueron los mejores. En algunos casos me hacían sentir inferior o como si fuera un esclavo; tenía que hacer los oficios que otros no querían hacer. El trabajo en sí no era malo, pero lo que resultaba difícil era la actitud negativa contra mí de algunos empleadores o compañeros.

En uno de esos trabajos tenía compañeros mayores que yo, o más fuertes, y me insultaban. Tenía que hacer lo que ellos consideraban un oficio para esclavos y, a veces, me pegaban. Una vez uno de ellos me tiró una lata y debió de ser que mi tiempo de pasar a la eternidad todavía no había llegado, porque si me hubiera golpeado con la lata en un lugar sensible de mi cabeza, podría haberme causado la muerte. La lata cayó en la parte inferior de la mandíbula, produciéndome una herida.

Los golpes de las tinieblas y del mundo continuaban, y yo no tenía esperanza ni la forma de salir de esas situaciones difíciles. Pasé la adolescencia y llegué a mi juventud, sin encontrar la solución de las desgracias y golpes que había recibido desde muy pequeño.

Tiempos de la adolescencia

Como cualquier otro adolescente que no tiene una relación con el Señor Jesucristo, yo viví una vida de pecado. Quizás mis pecados a los ojos de algunas personas no eran tan dramáticos como a veces sucede con otros. Si le pedimos perdón y ayuda contra algo que nos ataque, Él es fiel y justo para perdonarnos y ayudarnos.

Una vez, cansado de servirle al mundo por medio de pecar en diferentes formas, el Señor Jesucristo empezó a revelarse a mi vida. Él lo hacía por medio de literatura, conferencias, programas de radio y personas que me hablaban de Él y de su evangelio.

Como el poder del pecado era más fuerte que yo, a pesar de que estaba convencido de mi condición mala de vida delante de Dios, parecía que el mundo dominaba mi fuerza de voluntad, retrasando que le dijera a Cristo sí y al mundo y al pecado no. Pero cuanto más servía al mundo y al pecado, más me sentía agarrado del cuello y sofocado. Mi vida espiritual empezó a ser un desastre. Continué sintiéndome despreciado por la sociedad, tratando de buscar una salida a todas esas dificultades, pero no la encontré. Todas las puertas se me cerraban y yo continuaba experimentando la angustia y la desilusión de este mundo. Aunque por medio de mi trabajo tenía acceso a las cosas básicas que se necesitan para vivir, mi vida interior estaba llena de miseria. Era una vida de inseguridad, desconfianza, frustración y sin propósito. Era una vida sin Cristo; era una vida vacía. Yo trataba de llenarla con cosas que parecían normales, como fiestas, tabaco, filosofías y licor. Pero nunca ninguna de esas cosas me dio la felicidad, seguridad y alegría que Jesucristo me dio y me sigue dando.

Mi relación con mis familiares era de enojos y gritos. Decía maldiciones, me alegraba de los males de otros. Era mentiroso, chismoso, tenía odio, no perdonaba, sentía envidia, amargura. Estaba lleno de orgullo y quería imponer a los demás lo que me convenía, eso debido a la inseguridad que tenía. Todo esto, entre otras cosas, era el trato que el mundo me dio.

Capítulo 2:
Viajes aprendiendo y sirviendo al Señor

Viajes por países del Pacífico

A través de la historia de la humanidad, si no todas, la gran mayoría de las personas han estado inspirados para realizar sueños y triunfos. Eso es una parte natural de la vida.

Los hechos narrados los empecé a realizar en una edad ideal y en la forma deseada. El **Salmo 37:4** dice:

> Ama al señor [...] y él cumplirá tus deseos
> más profundos.

Existen excepciones, pero por lo general, Dios desea que nos preparemos espiritualmente antes de emprender viajes como los que narro aquí. Las escuelas de discipulado bíblico para mí fueron bases indispensables para mantenerme en victoria y en progreso espiritual durante todo ese tiempo; y también para hallar una solución ante los obstáculos que se me presentan.

Las siguientes experiencias son valiosísimas para entender la fidelidad de Dios, lo cual he comprobado en los éxitos que he experimentado viajando y en tiempos de necesidad.

Dios puede hacer lo mismo con cualquier persona. Nada limita que el Señor haga milagros y que dé la solución que las personas necesitan.

Él tiene cuidado de todos los que le buscan y de corazón claman y confían en él (*cf.* Marcos 11:23-24). Con tales personas no hace acepción.

Preparación

Hay organizaciones e iglesias llamadas por Dios para preparar espiritualmente a los que desean mantenerse en victoria y salir y llevar a otros el mensaje del amor de Jesucristo. Una y otra vez he tenido el privilegio de recibir preparación adecuada antes de realizar el trabajo de evangelismo.

Directa o indirectamente, por razones del evangelio, desde mi juventud he viajado por tres continentes. En el cuarto estuve por razones familiares. El cuarto continente en el que he estado es África, en las Islas Canarias. Por los otros tres he viajado por ciudades, pueblos, aldeas, comarcas, caminos y lugares que, si no hubiese sido por razones del evangelio, nunca habría visitado. He viajado por sitios y lugares aledaños que quizás ninguna otra persona ha tenido o tendrá la posibilidad de visitar.

Son lugares que a veces, geográficamente, son insignificantes para algunos, pero muy importantes para mí por las personas que oyeron el evangelio cuando lo pude transmitir. Para ser más específico, quiero mencionar algunos de estos. En algunos casos, son lugares reconocidos como maravillas del mundo, o muy importantes para muchos. Las historias de mis viajes presentan los lugares geográficamente conocidos y significativos y también los menos significantes.

En la mayoría de los casos, el evangelismo se realizó en los sitios pequeños o menos conocidos. Este trabajo fue realizado en grupo o con iglesias locales. Los viajes por estos lugares los he realizado en diferentes formas de transporte. A veces en bus, taxi, a caballo, en avión, barco, enormes buques transatlánticos, caminado, en bicicleta, coches o carros privados, trenes, ferry… a veces los viajes eran cortos y otras de carácter intercontinental.

En Colombia todos los lugares que he visitado no han sido por razón de predicar; las causas han sido variadas. Algunas veces he ido a diferentes lugares de visita, o por causas familiares. Mucho ha sido por razones de evangelismo.

Algunos de estos lugares son: la costa colombiana, Barranquilla, Cartagena, Santa Marta y Riohacha; también he pasado por Ocaña, Cúcuta, Bucaramanga y todos los pueblos y pueblitos intermedios. He estado en los llanos orientales: Villavicencio, Granada, y los pueblitos que hay entre Bogotá y estas ciudades. En Cundinamarca he estado en Girardot, Villeta, Pacho, Zipaquirá y Choachi y Fusagasuga, entre otros. He viajado desde la costa hasta el Valle del Cauca, por la carretera occidental. Estos lugares los visité cuando era joven.

Los lugares donde he predicado en Colombia, entre otros, han sido: Cachipay, Bogotá, Guaduas Cundinamarca y Medellín. En estos lugares Dios hizo milagros maravillosos. En Cali, junto con otro hermano, visité un área en el campo en las montañas, al norte del Valle del Cauca. Allá tenía que caminar descalzo y el Señor me salvó la vida de algo que aconteció. Un escorpión venenoso me picó en un pie. **Marcos 16: 18** dice:

> y si beben algo venenoso, no les hará daño.

El dolor era muy fuerte. Mi compañero de viaje me apretó la pierna porque según decían que, haciendo eso, el veneno no subía. No podía ir a recibir ayuda en un centro médico porque estábamos en el campo. No teníamos vehículo y caminar era imposible para mí. Podríamos haber ido a caballo, pero el viaje era largo para llegar a un centro médico. Después de orar, el Señor Jesucristo me quitó el dolor y pude caminar.

Sur de Colombia

En Colombia he predicado el evangelio a un número de personas que, por razones de no guardar estadísticas, no puedo contar específicamente, lo mismo a una cantidad de grupos e iglesias que por las mismas razones anteriores tampoco me es posible enumerar. Todo esto empezó desde que tenía veintidós años de edad.

En el sur de Colombia, viajé desde Cali pasando por Popayán, Pasto, hasta Tulcán. Luego empezó mi trabajo misionero internacional. A los que creemos, el Señor nos manda hablar de las Buenas Nuevas. **Marcos 16: 15 dice:**

> Y les dijo: «Vayan por todo el mundo y anuncien a todos la buena noticia.

En Colombia supe de la posibilidad de viajar a Argentina para trabajar en evangelismo en grupo, con jóvenes, de la misma forma como se hacía en Colombia. Eso llenó mi corazón de convicción y empecé a prepararme para tal propósito. Antes, una vez, visité a San Antonio del Táchira en Venezuela; este viaje se convirtió en mi primera salida a otro país.

Al salir de Colombia, por segunda vez, empecé un recorrido internacional que me dio perspectivas importantes para continuar en el trabajo evangelístico y fue base para mucho de lo bueno que he experimentado desde ese tiempo hasta ahora.

En todos los viajes donde he estado, he encontrado hermanos y hermanas creyentes cuyos corazones arden de amor por el Señor Jesucristo. He experimentado un amor y un aprecio genuino para conmigo. Es un aprecio que atrae y que no es por un tiempo limitado, sino continuo. Aunque han pasado los días, los meses y los años, ese aprecio que recibí sigue marcado en mí. Lo más mínimo de demostrarlo ha sido por medio de haber dado un saludo con una sonrisa genuina. Eso también se manifiesta cuando siempre se muestra un interés genuino, incondicional e ilimitado por la otra persona.

Saliendo de Colombia, pasé por Quito y llegué a Guayaquil. Ahí tuve la oportunidad de compartir lo que Dios había hecho y estaba haciendo conmigo. De esta ciudad continué mi viaje a Lima, pasando por las ciudades y pueblos entre Guayaquil y Lima.

En Lima estuve con unos preciosos hermanos; en una de las iglesias tuve la oportunidad de compartir lo que Dios hacía conmigo. Me gozaba haciendo evangelismo junto con los jóvenes de la misma iglesia. Estuve con otro grupo de hermanos que me recibieron como si hubiera sido parte de ellos. Compartí lo que el Señor me dio para comunicar. Eso producía un gozo maravilloso en mí.

Después de un corto tiempo, seguí el viaje por la carretera panamericana hasta llegar a Arica. Allá un pastor de una de las iglesias de la ciudad me recibió y, junto con los hermanos, me ofreció lo que estuvo a su alcance con mucho aprecio. Ellos también estuvieron dispuestos a escuchar lo que el Señor tenía para que yo les compartiera. De Arica continué el viaje por el desierto de Atacama o del Norte de Chile hasta llegar a Antofagasta. En Antofagasta pasé un par de semanas.

Algunos hermanos manifestaron su aprecio y amor para conmigo en formas que no se pueden explicar con palabras. Todo eso para mí fue animante para seguir y crecer en la confianza y dependencia del Señor Jesucristo.

En ese tiempo yo todavía era un joven en misiones que estaba en un primer nivel de aprender a depender y conocer más al Señor. Quizás los hermanos no lo supieron, pero el aprecio y amor que mostraron para conmigo lo dejaron marcado. Desde Antofagasta continué el viaje llegando a Ovalle, donde pasé algunos días, para luego seguir a la capital chilena. En Santiago mi estadía fue corta; ahí conocí a un pastor que luego nos encontramos en Centroamérica.

Viajar por los lugares anteriores fue algo específico que yo creo que Dios hizo conmigo. Este fue un tiempo de aprender a depender del Señor en cosas pequeñas y grandes. Si dejamos todo lo que entendemos que debemos dejar por la causa de él, el Señor nos recompensa. **Mateo 19:29-30** dice:

> Y todos los que por causa mía hayan dejado
> casa, o hermanos, o hermanas, o padre, o ma-

dre, o hijos, o terrenos, recibirán cien veces más, y también recibirán la vida eterna

En el cono sur del continente

De Santiago, viajé atravesando la cordillera de Los Andes, cerca de una de las cimas más altas del mudo: el Aconcagua. Era fantástico ver las elevadas, rocosas y maravillosas montañas que Dios creó en Suramérica. Después de esta travesía, llegué a la ciudad de Mendoza, desde donde continué mi viaje por tren contemplando los valles, pueblos y variados paisajes de esta parte del país de los gauchos hasta llegar a la capital de Argentina.

En Buenos Aires estuve con una familia maravillosa. Los hermanos argentinos son preciosos, están llenos de aprecio y del amor de Cristo. En general, tanto los hermanos como las hermanas se esmeraban por hacer sentir que otros recibieran ese aprecio. Recuerdo que cuando fui a visitar la iglesia de la familia con la que vivía, sin ninguna limitación ni reserva, tanto hermanos como hermanas vinieron a darme la bienvenida con un fuerte abrazo. Eso me hizo sentir que era parte de ellos y que realmente era bienvenido.

Una de las cosas que más me ministró fue la hospitalidad de la familia con la que estaba. Me atendieron como si hubiera sido uno de sus mejores parientes que había llegado de visita, o así me hicieron sentirlo. Eso no sucedió solamente al principio, sino que fue algo permanente mientras estuve con ellos.

La familia donde estaba me había explicado del trabajo acerca de grupos de evangelismo que se estaba realizando en ese tiempo en Argentina. Me hablaron de un grupo que estaba en el sur, en Comodoro Rivadavia. Creí que era algo que debía hacer, ya que coincidía con el propósito de estar en Argentina. Así que tomé el tren que me llevaría desde Buenos Aires con destino a las pampas argentinas. Al llegar a Comodoro, los jóvenes, hermanos y hermanas que ya estaban allá hacía algunos días me recibieron con tanto afecto que inmediatamente quedé siendo parte del grupo.

Algunos éramos de diferentes nacionalidades. El responsable era de Brasil. Allá estuvimos varios días disfrutando de la comunión con los cristianos locales, predicando en la iglesia, orando, ayunando y hablando del evangelio con todo el que deseaba recibirlo y escucharlo. Nos reíamos, cantábamos, aprendíamos nuevas y buenas costumbres de los habitantes de las Pampas, nos invitaban a comer empanadas argentinas, milanesas, carne asada y platos combinados de comidas variadas.

Todo era muy agradable, pero lo que más causaba gozo era que nuestra relación con Dios crecía. Era algo más que producía mucha alegría y lo mejor era ver la felicidad de la gente cuando alguien tenía un encuentro especial con el Señor Jesucristo y Dios era glorificado.

Al terminar nuestro trabajo ahí en Comodoro, recibimos una invitación para ir a Río Gallegos en la Patagonia. De Comodoro fuimos en avión, y experimentamos un vuelo no muy agradable, eso por causa del mal tiempo. Al salir de Comodoro Rivadavia, hubo vacíos aéreos colosales; el avión en el que viajábamos al cruzar los vacíos bajaba de una forma escalofriante.

La gente gritaba tremendamente; una de las chicas del grupo con el que yo estaba gritaba tan intenso que el líder del grupo tuvo que poner la mano sobre la boca de la chica para calmarla.

La chica tenía razón de gritar porque era muy impresionante la forma como el avión bajaba. Gracias al Señor no sucedió nada más desagradable. El Señor nos protegió y seguimos el viaje sin más percances. Después de todo el vuelo continuó normalmente.

Estando en Río Gallegos, sentimos que hacia un frío indescriptible. Las casas no tenían la calefacción adecuada; en ese tiempo las calentaban con estufas de gas, pero no producían el calor suficiente.

Por la noche, para protegerse del frío, los anfitriones me dieron catorce cobijas. Esto era algo muy raro para mí. Las cobijas pesaban mucho. Nunca antes, ni después, me he tapado con tantas cobijas como esa vez; lo bueno era que fueron la solución contra el frío intenso que hacía en esos días en los confines de la tierra.

Al llegar a Río Gallegos, nos encontramos con un clima invernal muy frío. Yo no estaba acostumbrado a este clima, lo cual fue un tiempo de prueba debido a la temperatura; con la ayuda del Señor, pasé la prueba. Ahí tuvimos buenas experiencias con la iglesia y la gente. Estas experiencias eran parecidas a las que tuvimos en Comodoro Rivadavia.

Ahí nos encontrábamos en un área del fin de la tierra; la distancia era corta para llegar a Ushuaia, la ciudad más austral del mundo. En vez de ir a esa ciudad, fuimos a Punta Arenas en Chile. Allá fuimos en carro y luego en barco por una parte del estrecho de Magallanes. Estando en Punta Arenas, entre otras cosas, nos entrevistaron en la televisión y el periódico nacional. Lo pasamos divertidísimo; especialmente estábamos muy felices de poder compartir con otros lo que creíamos del evangelio.

Como se podrá ver en un mapa de Suramérica, esta ciudad es la última del sur de Chile; geográficamente ahí termina el mundo, en esta parte de la tierra. **Hechos 1:8** nos indica que debemos ir hasta lo último de tierra.

> y saldrán a dar testimonio de mí, en Jerusalén, en toda la región de Judea y de Samaria, y hasta en las partes más lejanas de la tierra.

Cuando terminamos nuestro tiempo en Punta Arenas, casi sin parar, empezamos el regreso a Buenos Aires. El pastor de la iglesia de Punta Arenas nos llevó en su carro hasta Río Gallegos. Al llegar a Buenos Aires, el grupo se separó: cada uno se fue a su provincia o país de origen. El líder se quedó en Argentina, lo mismo hice yo. Estuve ahí varios días; el pastor de una iglesia a la que asistía una de las hermanas del grupo aceptó que me quedara por algunos días con ellos.

El líder del grupo había ido al norte de Argentina para visitar amigos. Después de unos días regresó a Buenos Aires y me preguntó si quería ir a Brasil. Lo consideré y creí que Dios me quería en Brasil. Aparte de seguir conociendo más de Dios, la experiencia de aprender a hablar otro idioma me atraía.

El hermano de Brasil se fue a Salta, una ciudad argentina donde tenía amigos. Antes de su viaje nos pusimos de acuerdo en que los dos viajaríamos a Asunción del Paraguay y que ahí nos encontraríamos para seguir nuestro viaje a Bello Horizonte.

Una reunión muy ungida por el Espíritu Santo

En Argentina, trabajando en evangelismo con un grupo, una vez el pastor de la iglesia a la que yo iba durante el tiempo que estuve ahí me pidió que predicara. Había mucha gente; el Señor manifestó una presencia especial del Espíritu Santo a medida que compartía o predicaba.

Para mí fue de mucho ánimo sentir la presencia especial del Espíritu Santo en la gente durante todo el tiempo que compartía. Era tan especial que el Señor en un pastor que visitaba puso la convicción de decirme que el Señor iba a empezar un avivamiento conmigo en Colombia y Argentina.

Creo que Dios puede hacerlo de diferentes formas; ahora me siento parte de lo que Dios ha hecho en estos dos países, pues indirectamente he sido un granito de arena por medio de la oración, el ayuno y el clamor, especialmente por Colombia, y confío que estos testimonios sigan cooperando para que no solamente en Argentina y Colombia ayuden en alguna manera a los amados hermanos y hermanas en el Señor Jesucristo, sino que a donde quiera que lleguen sean de mucha bendición y una herramienta de evangelismo.

He tenido la oportunidad de compartir o predicar en varias ocasiones en varios lugares e iglesias, pero no recuerdo que haya tenido una reunión tan ungida como a la que hago referencia en este testimonio. Era muy especial, parecido a lo que sucedió en **2 Crónicas 5:12-14**, donde la gloria del Señor se manifestó de una forma especial.

Paraguay y Brasil

Viajé desde Buenos Aires en bus un día y una noche, al llegar a la frontera tuve otro desafío por la misma razón que narro anteriormente. El país se encontraba en estado de alerta y tenían que controlar todo al máximo. Todos los pasajeros eran argentinos o paraguayos; yo era colombiano. Cuando vieron mi pasaporte, al saber que no era de la región, se pusieron inseguros y me hicieron preguntas. Les di respuestas, pero no eran satisfactorias; yo tenía que orar pidiendo la gracia del Señor. Al final, me permitieron continuar el viaje al Paraguay.

Cuando llegué a Asunción me encontré con el hermano de Brasil. El conocía una familia, estábamos invitados a cenar con ellos. Cenamos; serían las ocho de la noche cuando terminamos. Confiados en que nos invitarían a pasar la noche ahí, esperábamos recibir información sobre eso. La información que recibimos fue que tenían visita y la habitación de huéspedes estaba ocupada.

Después de la comida nos despedimos de la familia y salimos a la calle sin rumbo específico. No teníamos más contactos, ni suficiente dinero para pagar hospedaje. Empezamos a caminar por las calles, orando por diferentes cosas. Hacía frío, pero no tanto como en Río Gallegos. En la madrugada nos sentamos cerca de una cortina metálica de un almacén; ahí dormimos un poco. Esto después de un cansancio inmedible por el viaje de la noche y el día anterior; también por el frío y la caminata en las calles.

Cuando llegó la hora de abrir el almacén, levantaron la cortina metálica y dentro tenían camas tendidas en exhibición. Las camas producían un deseo indescriptible de tener una para descansar y así aminorar el enorme sueño que nos dominaba. No siendo posible hacer eso, nos retiramos de ahí y caminamos un poco más, pero era difícil, ya que teníamos mucho frío y sueño.

Más tarde contacté un seminario bíblico del cual tenía referencias. Los hermanos me atendieron con mucho aprecio, me ofrecieron desayuno y me invitaron a quedarme por la noche en el seminario. Esa noche fue una de las noches que más he descansado y dormido abundantemente en mi vida. Era agradable y silencioso el lugar.

Después de la vigilia forzada en las calles de la ciudad la noche anterior, era natural que durmiera profundamente. Mi compañero de viaje encontró también lugar donde estar. Los responsables del seminario me pidieron que hablara de las experiencias que habíamos tenido en evangelismo; los jóvenes seminaristas recibieron muy bien lo que compartí.

Seguimos a Brasil

Seguimos nuestro viaje a Brasil pasando cerca de las cataratas del Iguazú, para luego llegar a un seminario bíblico donde había estudiado mi compañero de viaje. Ahí había bastante gente que lo conocía; estuvo predicando y nos quedamos varios días.

Monté a caballo para ir a un lugar. No estaba acostumbrado a transportarme en caballo, pero me fue bastante bien. Después partimos con destino a Sao Paulo; ésta es una de las ciudades más grandes del mundo. La madre de mi compañero de viaje vivía ahí. Ella no hablaba español y fue entonces cuando mi cerebro empezó a trabajar para comenzar a aprender el portugués.

De Sao Paulo fuimos a Mina Gerais, a la ciudad de Bello Horizonte; es una ciudad muy hermosa por el clima, tiene un clima primaveral todo el año y se vive muy agradable ahí. En Bello Horizonte estaba la comunidad con la cual trabajaba mi amigo y compañero de viaje.

Él no se quedó ahí, pero yo podía quedarme. La mayoría de la gente de la comunidad eran jóvenes de mi edad; eso hizo que me sintiera identificado con ellos. Algunas cosas no eran fáciles, yo no estaba acostumbrado a vivir en comunidad; era una de las razones. Otra era la comunicación, pues mi portugués era mínimo. El Señor me ayudó con todo eso, pudiendo estar ahí un tiempo largo madurando más en mi caminar con Dios.

Después de haberme adaptado más a la vida comunitaria, pasaba tiempos agradables: había enseñanza de la Biblia, hacíamos trabajo de evangelismo y las actividades prácticas que se requerían para el mantenimiento de la comunidad. Desde Bello Horizonte visité Oro Preto, una ciudad histórica de Brasil; ahí estuvimos varios días haciendo evangelismo personal.

Para ese tiempo vino una hermana de Argentina para trabajar allá y para mí era un descanso enorme poder hablar español sin límites nuevamente. Me había estado comunicando en portugués con los hermanos brasileños y con la gente con la que tenía contacto; eso había sido de mucha ayuda para aprender más rápido el idioma, pero volver a hablar español causaba ánimo y descanso en mi comunicación.

También estuve en varios lugares del estado de Río de Janeiro. La ciudad de Río geográficamente es una de las más bonitas del mundo. El conjunto de playas, el mar, las montañas, los bosques y la misma ciudad forman un panorama geográficamente fantástico y digno de admirarlo.

Estuve en el estado que esta al norte de Río de Janeiro y, desde allí, viajé en tren hasta Bello Horizonte. También fui a la ciudad de Montes Claros, ahí estuvimos trabajando en grupo, en evangelismo, con una iglesia de la ciudad. De Montes Claros viajé en bus a Brasilia, la capital; ahí, por contactos de la iglesia, me esperaba un hermano donde me quedé algunos días.

Cerca de Brasilia había una iglesia con cuyo pastor estuve compartiendo de lo que Dios hacia conmigo en esos tiempos. Después salí para Belén de Pará. El recorrido lo hice en bus, pasando por una gran cantidad de lugares con variaciones geográficas especiales. Era un conjunto de pueblos, ciudades, bosques, valles, ríos, planicies, altiplanicies y animales de diferentes especies y colores.

Poder disfrutar y contemplar todo ese paisaje natural era como un pago de parte del Señor por el trabajo que hacía. Al llegar a Belén de Pará, mis ojos contemplaron la enorme cantidad de agua del río más caudaloso del mundo, siendo también el Amazonas, en su desembocadura del Atlántico, el río más ancho del planeta.

En Amapá

Desde Belén crucé una de las bahías del río en barco hasta la ciudad de Amapá. Allá estuve predicando en una iglesia cuyos hermanos y pastor mostraron mucho aprecio por mí, al igual que en otras partes donde había estado; era como si algún pariente especial había llegado a visitarles.

Aunque los mosquitos me picaron muchísimo (es difícil explicarlo con detalles), el amor cristiano de los hermanos hizo que la picadura de los mosquitos no me causara frustración. Después el Señor me sanó de todas las picaduras.

Cuando terminó mi tiempo ahí, atravesé la bahía nuevamente y tomé un bus con destino a Paraguay. Tenía que cambiar de transporte en varias ciudades porque no había un medio de transporte directo desde Belén a Asunción; este trayecto demoró varios días viajando día y noche. Tenía que salir del país antes que terminara el tiempo de visado que tenía para estar en Brasil.

Después de haber estado en Paraguay, regresé a Bello Horizonte, donde estuve un tiempo, y volví de visita a Río de Janeiro y Sao Paulo.

Brasil y Argentina 1976-1978

Después de que se acabara mi tiempo en Brasil, tenía que salir por razones de visado; una forma era regresar a Colombia, o bien viajar a otro lugar. Así que fui a Paraguay. Por causa de que era tiempo de Navidad, ya era muy difícil encontrar pasajes.

Como Brasil es muy grande, tenía que viajar mucho. Oré pidiendo que el Señor me ayudara con eso, aunque tenía que cambiar buses en varias ciudades. Cada vez que necesitaba hacerlo siempre hubo un puesto para mí. Los autobuses usualmente salieron en tiempo y, de esa forma, el Señor me ayudó a llegar a tiempo a la frontera, sin tener que afrontar circunstancias en la emigración. Las promesas de Dios son reales. **Romanos 8:28** dice:

> Sabemos que Dios dispone todas las cosas
> para el bien de quienes lo aman, a los cuales él
> ha llamado de acuerdo con su propósito.

Este versículo se puede interpretar también que todo nos ayuda a bien a los que dependemos de la ayuda del Señor.

En Uruguay

Estando nuevamente en Brasil, los juegos mundiales de Argentina se aproximaban. Yo tenía que ir a ayudar en Córdoba. Debía viajar en bus desde Río de Janeiro hasta Puerto Alegre; tenía solamente un pasaje en bus hasta Curitibia. Cuando llegué a la estación en Curitiba, fui a la oficina de información y venta de pasajes. Pedí uno para Puerto Alegre, me dijeron que no había y que era muy difícil que hubiera pasajes por los próximos tres días.

Me retiré de la ventanilla a orar específicamente pidiendo un pasaje para viajar ese día a Puerto Alegre. Regresé a la ventanilla de ventas y pregunté, una vez más, por un pasaje para viajar ese día para Puerto Alegre.

Después de que revisó nuevamente la planilla, con sorpresa, me dijo que solamente había un puesto en bus para viajar ese día a Puerto Alegre. ¿No es Dios maravilloso? ¡Sí lo es! Cualquiera puede imaginarse cómo me sentía al saber que pude obtener un puesto para el lugar y el tiempo deseados.

Continué mi viaje en bus hasta Río Grande del sur; pude contemplar nuevos paisajes de diferentes contrastes. En Montevideo estaba un grupo evangelizando. Me quedé con ellos unos días antes de seguir mi viaje a Argentina. Durante el tiempo que estuve ahí, llegó el momento en el que se necesitaban cosas básicas de comida. No teníamos la economía para comprar lo que se necesitaba. Empezamos a orar por eso; lo escribimos, cosa por cosa, específicamente. El mismo día, una señora de la iglesia vino con una bolsa llena del mercado.

Cuando alguien del grupo empezó a sacar las cosas, todo por lo que habíamos orado venía en la bolsa, excepto un par de cosas no venían: sal y azúcar. Estas cosas todavía teníamos en casa. Estos son milagros pequeños, pero que se vuelven grandes cuando se realizan en medio de las circunstancias. No necesitamos preocuparnos por las cosas materiales. Como dice en Mateo 6:25:

> No se preocupen por lo que han de comer o beber para vivir, ni por la ropa que necesitan para el cuerpo. ¿No vale la vida más que la comida y el cuerpo más que la ropa?

Después de mi tiempo en Montevideo, viajé en bus hasta el puerto en el río Paraná y atravesé en barco el río para llegar al puerto de Buenos Aires. La desembocadura de este río es también muy caudalosa. En Buenos Aires estuve con una iglesia en un área que se llama Villa Adelina, junto con otros jóvenes. Ahí me hospedaba en la casa de una familia de origen italiano, que eran miembros de la iglesia. Tenían un hijo que era casi de la misma edad que la mía; me tenían como un hijo más, o así me hacían sentirlo. Recuerdo que servían espaguetis con queso molido y milanesas argentinas deliciosas; estando con esta familia cumplí años. No recuerdo que anteriormente alguien me haya celebrado un cumpleaños igual o parecido; verdaderamente me hacían sentir una parte importante de la familia.

Estando en esta iglesia, una vez vino alguien de Brasil a predicar y yo tenía el privilegio de interpretarle de portugués a español. El tiempo con esta iglesia lo pasamos en evangelismo y teniendo confraternidad con los hermanos, lo cual era muy agradable. También estuve en Resistencia, en el Chaco: ahí prediqué en la iglesia más grande de la ciudad. Lo que Dios hizo ahí me llenó de mucho ánimo para seguir realizando el trabajo que hacía en esos días.

Había un hermano en el grupo que se llamaba Ramón y, cuando fuimos a Brasil, allí pronunciaban su nombre "jamón", porque la erre (r) en portugués suena como jota (j) en español. El hermano, en vez de frustrarse, se reía de sí mismo, de que la pronunciación de su nombre en portugués causara humor.

En Resistencia vivíamos cn una casa y trabajábamos haciendo evangelismo y ayudando en lo práctico a la familia que nos prestó la casa para vivir ahí.

Entre otros lugares de Argentina, estuve también en Valle del Lago, un lugar hermoso cerca a la cordillera de Los Andes. El motivo principal de los viajes era sembrar la palabra de Dios.

Los Juegos Mundiales de Fútbol 1978

Mi último viaje de Brasil a Argentina fue para estar en evangelismo en Los Juegos Mundiales de fútbol de 1978. Mientras esperábamos que empezaran los juegos para hacer el trabajo de evangelismo a fondo, durante esa temporada deportiva, los jóvenes que ya estábamos allá hacíamos trabajo de logística. Esto para que cuando llegaran de diferentes partes del mundo todos los que iban a participar en el evangelismo tuvieran alojamiento.

Deberíamos trabajar en equipo, distribuidos en las ciudades donde se realizarían los juegos. Yo fui a la ciudad de Córdoba; allá se alquiló un recinto grandísimo, al cual vino mucha gente. Durante el evento compartía habitación con un hermano de Sudáfrica. En la comunicación con él empecé a balbucear el idioma inglés; era un desafío, pero estar haciendo algo que me gustaba y con mucha gente de mi edad y de muchas partes del mundo; todo era muy divertido.

Yo no extrañaba nada en esos días. Era un gozo hablar de lo que Cristo había hecho y estaba haciendo conmigo. Comíamos en comunidad, trabajábamos en equipo, nos ayudábamos mutuamente, disfrutábamos del buen tiempo, pero especialmente de los testimonios de lo que Dios hacia entre la gente que recibía el evangelio.

Todo eso para mí era una aventura juvenil muy sana, fantástica y hermosa que Dios me regalaba. Era una aventura realizada a través de actividades que beneficiaban el reino de Dios, a otros y a mí mismo; esto era una buena parte de lo que causaba lo agradable y maravilloso. ¿Cuántas personas van a estar en el cielo por haberles transmitido el evangelio, durante esa temporada deportiva y desde que empecé mi vida con Cristo hasta ahora? No se sabe, pero de lo que si estoy seguro es de que son muchas personas.

Desde Brasil hice mi último viaje a Argentina y desde Argentina hice mi último viaje a Brasil. Tan pronto que terminaron los juegos de fútbol, empecé mi viaje de regreso a Colombia; lo hice vía Brasil, pasando por lugares que ya había estado hasta Belén de Pará. Iba con otro hermano que deseaba visitar Colombia antes de irse a su país.

Hicimos una pausa en Bello Horizonte, otra en Brasilia, antes de continuar el viaje. Al llegar a Belén de Para, empezamos uno de los viajes que más había deseado hacer. Una buena parte del motivo era disfrutar de la belleza de la naturaleza, del paisaje en general y del río. Viajamos en barco por alrededor de quince días y noches desde Belén de Pará, en Brasil, hasta Leticia, Colombia. Era fantástico anochecer viendo el río con sus inmensas bahías y lo exótico de la naturaleza amazónica; era igual de divertido e interesante despertar viendo el paisaje interminable y maravilloso, el contraste que hace el agua con la naturaleza, el sol y los animales que podíamos ver.

Eso ocurría cuando el barco se acercaba a la rivera o hacia una pausa en uno de los puertos para desembarcar y recoger nuevos pasajeros. Todo eso producía un efecto de vida y belleza natural. El murmullar de las aves era como un cántico de loor al Señor. Este es un recuerdo inolvidable de cómo Dios ha creado una naturaleza muy bella y especial.

Al llegar a Leticia, tomamos un avión para Bogotá. En Bogotá continué mi trabajo de evangelismo y predicación, explicando que Jesús es quien es (*cf.* **Hechos 18:27-28).** Les explicaba a otros que Jesús es el Señor y Salvador de todos y cada uno.

Regreso a Colombia y protección divina

A fines de los años setenta, cuando regresé a Colombia, del sur del continente y Brasil, estando en Bogotá, asistí a una iglesia en la que había una reunión especial. Yo había ido al culto y a ensayar a tocar guitarra con un hermano de la iglesia.

El culto se prolongó hasta bastante tarde. Cuando salí para ir a casa. El transporte público era muy escaso. esperé y esperé que viniera un bus que fuera por la ruta para que me llevara a casa, pero no pasaba ninguno. De pronto pasó un bus pequeño y había un puesto libre en la parte de adelante al lado del conductor, y me senté ahí.

El bus siguió; recogía pasajeros, paraba una y otra vez, pero continuaba su recorrido sin interrupción. Al llegar a una curva de la avenida, en un lugar que se llama Río Negro, un camión vino hacia el bus. La dirección en la que venía con tanta fuerza era para chocar el bus justo en la ventanilla en la que yo estaba sentado.

Cuando me di cuenta de que eso sucedía, exclamé de lo más profundo de mi alma: "¡Cristo, protégenos!". Después de la exclamación, el camión giró hacia un lado, evitando el choque que ya estaba por producirse y que, si se hubiese realizado, habría dejado muertos, quizás siendo yo el primero.

Por causa de la frenada que hizo el conductor del bus, algo sucedió que no le permitió seguir su recorrido. Como yo no tenía dinero para tomar un taxi y era muy difícil que pasara otro bus, en medio de todo pensé que recurriría al medio de transporte que me fuera posible. Cerca de ahí había una gasolinera; en la gasolinera había un hombre empujando un coche tratando de iniciarlo. Pensando yo más en obtener solución para llegar a casa que lo que podría ser lo que el hombre hacía, me acerqué y le pregunté si quería que le ayudara a empujar el vehículo. Me dijo que sí, así que sin pensarlo una vez más empecé a ayudarle.

Cuando el vehículo estuvo encendido, me dijo que subiera y me preguntó donde vivía. Pensando que me iba hacer el favor de llevarme a casa, le dije la zona. Cuando él empezó a conducir, tomó la avenida para el lado contrario de lugar que yo le había dicho que vivía. Siguió por la avenida hasta la avenida calle 80. Ahí, viniendo del norte, volteó por el carril derecho hacia el oriente. Al lado opuesto, había una gasolinera; él tenía que voltear y cruzar el carril izquierdo y seguir por el mismo hacia el occidente para poder llegar a la gasolinera. El hombre no me decía nada; solamente conducía.

Al dar la vuelta por el carril hacia el occidente, venía en la misma dirección otro vehículo a una velocidad altísima. yo debía de estar orando, pero no recuerdo qué oraba en ese momento. Fue por cuestiones de segundos que no se chocaron los dos vehículos. Esto fue una vez más una acción del Diablo, que había planeado para quitarme la vida, pero el Señor Jesucristo no le permitió llevarla a cabo. Aunque todo hasta el momento había sido pavoroso, aún no había llegado lo peor.

Él condujo el vehículo hasta la misma avenida que había tomado al principio. Si era que me hubiese querido llevar a la casa, él habría tomado esa avenida hacia el norte, pero sin pronunciar palabra, al llegar al cruce, él se dirigió hacia el sur, es decir, a la dirección totalmente opuesta a la que le había dicho que yo vivía. Yo estaba bajo la protección de Dios, como dice el Salmo 91.

No sabiendo qué pensar y sin poderme bajar del vehículo por estar continuamente en marcha, quedé totalmente bajo la voluntad del individuo. Avanzó y avanzó hacia el sur, llegando cerca al estadio de fútbol; el hombre me dijo que me iba a matar.

Yo me puse muy nervioso, casi no podía pronunciar nada por los nervios. Lo que hice fue ponerme a rascar las cuerdas de la guitarra que había llevado a la iglesia para el ensayo y, tartamudeando, por la nerviosidad traté de cantar cánticos de alabanza.

De repente, sentí una seguridad y una fuerza interior y, al llegar cerca de una gasolinera que estaba al lado de la avenida, desde lo más profundo, le dije: "Pare aquí ahora mismo". Después de que dije eso, él detuvo el vehículo de una forma espontánea, abrí la puerta del coche y, a medida que me fue posible, llegué hasta la gasolinera. Le pregunté al celador si me daba permiso de pasar el resto de la noche ahí. Él aceptó, así que me quedé hasta que aclaró el día. Dios es nuestra seguridad y ayuda (*cf.* **Salmo 71: 5-6**).

Después de todo esto, lo que se puede deducir es que lo más posible era que el individuo se había robado el vehículo y que él tenía que deshacerse de mi matándome para que no lo delatara. La razón por qué él hacia eso no se supo.

En los anteriores sucesos encontramos que la fidelidad del Señor Jesucristo fue manifestada, protegiéndome esa misma noche de tres planes diferentes del Diablo para acabar con mi vida. En **Salmos 34:7** Dios nos promete que el ángel de Él nos protege:

> El ángel del Señor protege y salva a los que
> honran al Señor.

Centroamérica

En momentos de adversidades, el Señor estuvo presente, actuando en mi favor, dándome la victoria que necesitaba. En medio de las dificultades obtuve soluciones.

Pasaporte encontrado

Después del trabajo en Suramérica, de un corto tiempo en casa, llegó el momento de salir nuevamente. Salí con un grupo que iba a Centroamérica. Viajamos a Panamá; después de visitar una iglesia y evangelizar ahí, salimos para Costa Rica. Tuvimos un tiempo enriquecedor; ahí también predicamos y compartimos lo que el Señor puso en nuestros corazones. Después visitamos Honduras; allí llegamos vía Nicaragua, y luego fuimos al Salvador.

Estando en El Salvador, perdí mi pasaporte; llegó el momento en que el grupo debería ir a Guatemala y mi pasaporte seguía perdido. Todos se fueron, quedando yo solo en El Salvador. Oré y oré por encontrar el pasaporte, pero nada pasaba.

Podía pedir un pasaporte nuevo en la embajada, pero eso llevaba mucho tiempo. Un día tuve la convicción de ayunar y orar específicamente para que encontrara mi pasaporte. Puse en práctica lo que dice en algunas traducciones de Marcos 9:28-29. Se necesitaba oración y ayuno para obtener la victoria en algunas situaciones. Mi caso fue uno en el que necesitaba ayunar y orar.

Durante este tiempo la oración fue de adoración, alabanza y gratitud. También pasé más tiempo meditando en la Palabra de Dios. Ese día de ayuno y oración mientras yo todavía oraba; por la tarde, alguien llamó diciendo que tenían un pasaporte; yo había denunciado la perdida ante la policía, también la radio local lo había anunciado.

La gente que tenía mi pasaporte lo había sabido por medio de los anuncios de la radio. Pedí que me explicaran cómo podría llegar al lugar de donde llamaban; me explicaron y, cuando llegué allá, me di cuenta de que la gente quería dinero.

Les dije que no tenía la cantidad que pedían y que si era necesario yo podía pedir un nuevo pasaporte en la embajada y que además la pérdida del pasaporte estaba en manos de la policía.

Al final de todo, ellos no querían quedarse con mi pasaporte. El Señor trabajó en mi favor después del ayuno y la oración en adoración. Según **Lucas 11:9-10**, necesitamos ir al Señor buscando ayuda.

Después de orar pusieron el sello a mi pasaporte

Una familia fantástica me esperaba en Guatemala. El grupo con el cual había estado viajando se había ido a México. Esa noche me quedé con esa familia y al día siguiente continué mi viaje en bus a México.

Cuando llegamos a la frontera todos deberían bajarse del bus y pasar por la inmigración y hacer los trámites de entrada; todos hicieron sus trámites, pero a mí no me aceptaron entrar.

Todos se subieron al bus y se fueron; yo me quedé en la oficina de inmigración, perdiendo así mi pasaje que había comprado hasta ciudad de México. Los oficiales de inmigración no creían que yo iba solo a México. Ellos pensaban que yo iba con destino a Estados Unidos. Como no me conocían, creo que era normal que pensaran así. Después de que el autobús se fue y yo me quedé solo con los oficiales de inmigración, me puse a orar; pedí específicamente que pusieran un sello admitiéndome la entrada a México.

Oré con todo mi corazón; no mucho tiempo después de que terminé de orar un oficial me llamó diciéndome que iba a sellarme el pasaporte para que pudiera entrar y estar en México algunos días.

Las puertas que Dios abre nadie puede cerrarlas, quedando firme como está en **Apocalipsis 3:7** e **Isaías 22:22**. Fue correcto exclamar "¡fantástico!", dando gracias al Señor por el milagro.

Mi hermano vino a México

Después de que las autoridades me permitieron seguir el viaje, continué en otro bus hasta la ciudad de México. Al llegar allá, me quedé en un hospedaje para descansar después del largo viaje desde Guatemala. Tan pronto que me fue posible, al día siguiente, fui a la estación de autobuses para continuar viajando a Ciudad Victoria, donde estaban mis compañeros de evangelismo. En Ciudad Victoria nos quedamos en la casa de una hermana de una de las iglesias. La mayoría del tiempo que estuvimos allá fue para recibir enseñanza sobre el carácter de Dios.

Antes de terminar el tiempo en Ciudad Victoria, supe por carta que mi hermano estaba visitando una iglesia en Ciudad de México. No sabía detalles sobre el lugar donde él estaría. El grupo con el que yo estaba empezó su regreso a Colombia; yo fui a Ciudad de México para encontrarme con mi hermano. Al llegar allá, no sabía en que iglesia estaba, solamente sabía del nombre de la organización, pero no de la iglesia específica.

Traté de buscar alguna de las iglesias que pertenecían a esa organización para saber si sabían cuál era la iglesia en la que estaba mi hermano. La gente a la que preguntaba me mandaba de un lugar a otro, pero no encontré la iglesia. Lo bueno que sucedió con eso fue que conocí bastante de la ciudad.

De México regresé a Guatemala. El domingo, cuando llegué de regreso a Guatemala, mi hermano predicaba en una iglesia y yo estaba en otra; ni el uno ni el otro lo sabíamos y por eso no nos encontramos. Después entendí la razón del regresó de mi hermano a Colombia sin que nos encontráramos. Dios tenía otros planes para mí y, si nos hubiéramos encontrado, mucho podría haber cambiado.

Me quedé en Guatemala un tiempo. Visité varias iglesias predicando los días que tenían cultos, fui a varios lugares de Guatemala y por un corto espacio estuve pastoreando una iglesia pequeña.

Uno de mis excompañeros de evangelismo durante los Juegos Mundiales de fútbol en Argentina, vivía en las Islas Bahamas. Por medio de correspondencia, habíamos quedado que lo visitaría. Antes de ir a las Bahamas visité a unos hermanos en Cancún y Belice.

En Belice una vez prediqué en una iglesia y, cuando predicaba, vino alguien para interrumpir diciendo unas palabras en inglés; las palabras estaban relacionadas con la comida, de las cuales aprendí dos. Después fui a visitar a mi amigo en Nassau. Al igual que en **Lucas 9:2-6,** seguí anunciando las Buenas Nuevas de salvación.

A Europa vía Bahamas

Las puertas se me abrieron después de esperar y clamar al Señor Jesucristo. Durante un tiempo tuve la convicción de orar y esperar pacientemente para ir a Europa, pacientemente, como dice **Filipenses 4:6-7.**

Debería pasa por Miami para poder llegar a Bahamas; para eso se necesitaba un milagro para obtener una visa de tránsito. Después de ayunar y orar me dirigí a la oficina del consulado de Estados Unidos en Mérida y, sin mayores dificultades, obtuve la visa de tránsito.

Al llegar a las Bahamas, se me fue dicho por las autoridades de inmigración que, por razones de que yo no tenía visa de turista para Estados Unidos o Bahamas, no era permitido entrar a las islas.

Era casi medianoche cuando aterrizó el vuelo desde Miami. Todos los pasajeros pasaron la inmigración y yo me quedé solo con las autoridades. En ese tiempo yo no sabía mucho inglés, así que no podía comunicarme efectivamente con los oficiales como hubiera querido. No llegaban más vuelos esa noche y, por lo tanto, iban a cerrar el aeropuerto. No sabía lo que deseaban hacer conmigo; de un momento a otro un oficial de la inmigración vino con un intérprete.

Mientras llegaba el intérprete, yo oraba en gratitud, como dice en **1 Tesalonicenses 5:16-18.** También oraba al Señor por ayudarme a salir de la situación. Por medio del intérprete, supe que ellos me iban a enviar de regreso a Colombia. Le dije al Señor Jesucristo en oración que, si ese era el tiempo que él quería que yo regresara a Colombia, yo estaba dispuesto, pero que, si no era el tiempo, yo confiaba en la salida que Él tenía para esa situación.

Humanamente no sé qué fue lo que hizo cambiar de pensamiento a los oficiales esa noche. después de estar determinados de enviarme de regreso a mi país. Después de que oré con todo mi corazón, pidiendo al Señor Jesucristo que me ayudara, vino un oficial diciendo que no me iban a enviar a mi país de origen. Fui guiado a una oficina y me dijeron que me iban a dar una visa provisional por tres días; sellaron mi pasaporte con la visa provisional y salí. Hallé gracia y misericordia, contestándome el Señor mi oración, como dice en **1 Juan 5:14-15.**

> Tenemos confianza en Dios, porque sabemos que si le pedimos algo conforme a su voluntad, él nos oye. Y así como sabemos que Dios oye nuestras oraciones, también sabemos que ya tenemos lo que le hemos pedido.

No había buses, ni taxis; todo estaba silencioso y cerrado. Al no haber transporte público, lo que había que hacer era seguir confiando y esperando en el Señor por una solución. Después de dar gracias a Dios, vino un agente de la policía y me dijo: "Follow me" (sígueme). Me ayudó con mi equipaje, me guio a un carro de la policía, y sin entender todo, resultó que me llevaron a la puerta de la casa de mi amigo, sin cobrarme nada.

En Nassau me prolongaron el tiempo de estadía. Hablé del evangelio en español a varias personas, trabajé voluntariamente en una organización cristiana y recibí provisión económica para viajar e Europa. Como dice **Apocalipsis 3:7**, nadie podía cerrar las puertas que Dios me abría, de acuerdo con esta promesa.

> Esto dice el que es santo y verdadero, el que tiene la llave del rey David, el que cuando abre nadie puede cerrar y cuando cierra nadie puede abrir.

Después de un tiempo recibí la invitación de un líder diciendo que él contactaría Juventud con una Misión en Filadelfia para que yo fuera allá a trabajar con ellos, pero mi convicción era de seguir a Europa para llegar a España, después de orar pidiendo ayuda al Señor, como dice **Salmos 18:6:**

> En mi angustia llamé al Señor, pedí ayuda a mi Dios, y él me escuchó desde su templo; ¡mis gritos llegaron a sus oídos!

El Señor Jesucristo realizó otros milagros cuando mis gritos llegaron a sus oídos.

En el viejo continente

Cuando llegó el tiempo de partir de Nassau, tenía la opción de ir a Filadelfia en Estados Unidos, o ir a Europa; decidí viajar a Europa e ir a Inglaterra.

Entonces fue cuando hice mi primer viaje transatlántico e intercontinental en avión. Este vuelo partió de Nassau y aterrizó en Luxemburgo. Desde Luxemburgo viajé por tren vía Bruselas hasta el puerto de donde salían los barcos para Dover, Inglaterra. Estos barcos viajan por el Canal de la Mancha desde el continente hasta las Islas Británicas.

Al llegar a Inglaterra, tuve que depender del Señor para que me dieran visa y me permitieran entrar en Gran Bretaña. Después de un tiempo de espera y oración en inmigración, al final me dieron visa y permiso para continuar mi viaje. Hacia un frío tremendo. Yo no tenía ropa adecuada contra esa clase de frío y además acababa de llegar del trópico, lo cual lo hacía peor. Pero Dios tuvo misericordia de mí, dándome su protección. Me trasladé del puerto a la estación ferroviaria de Dover; desde ahí viajé en tren hasta Londres. El pasaje era muy caro para mí, no estaba acostumbrado a pagar tanto dinero por un viaje tan corto en tren. Pero era que el nivel de vida de los ingleses era muy diferente al que yo estaba acostumbrado.

En corto tiempo me encontré en la Estación Victoria de Londres. Si no es la más popular, es una de las estaciones de trenes más populares de la ciudad londinense. Para entonces, pensando en mi situación, todo me parecía como un sueño y no una realidad. El hecho de estar en la tierra del idioma que tanto había oído hablar y que tanto había deseado aprender hacía que el hecho de que me encontrara en ese lugar pareciera increíble. Aunque uno de mis deseos era aprender el idioma, el propósito principal era ir a la comunidad de la que tenía referencias. Esto era para seguir en el trabajo de evangelismo.

Me puse en contacto vía telefónica con la oficina de la organización; una voz femenina me contestó en inglés, hizo todo lo que pudo para hacerme entender las instrucciones de cómo llegar hasta la comunidad. Mi inglés era muy elemental; fue por milagro que entendí y tomé el transporte correcto y que llegué al lugar correcto para encontrarme con la persona correcta que me esperaba para llevarme en carro a la comunidad. A pesar de mis limitaciones de idioma, también di las instrucciones correctas de cómo yo estaba vestido para que me identificaran. Después de todo esto, me encontré en la comunidad, tratando de comunicarme con el responsable. La sede de la organización estaba ubicada en el sur de Inglaterra.

La comunicación con el hermano responsable de la comunidad no fue muy productiva por causas de idioma. Así que durante algunos días estuve ayudando con las cosas prácticas de la comunidad; entre otras, rastrillaba el pasto de los prados que eran propiedad de la organización. Una de las cosas más difíciles era no poder comunicarme como deseaba con la gente que trabajaba ahí.

Un buen día, después de un corto tiempo, llegó una hermana para estar en la comunidad; ella había vivido en España y hablaba el idioma fluido. Esta vez el descanso relacionado con la comunicación fue mucho más valioso que lo que había experimentado en Oro Preto, Brasil. Como se sabe, la diferencia del inglés y el español es enorme en comparación con la diferencia del portugués y el español. De todas formas, la comunicación empezó a fluir por medio de interpretación y especialmente cuando tenía que comunicarme con los responsables de la organización.

Llegamos a la conclusión de que por razones de idioma yo tendría que regresar a Colombia. Dios tenía otro plan. La hermana que había vivido en España sugirió que fuera a estar en una comunidad en Burgos y que ella podría hacer los contactos con los responsables. Esto no se llevó a cabo; el plan de Dios era otro. Entramos en contacto con otra comunidad en Madrid, que era parte de la misma en Inglaterra. El plan de Dios era ese. Los responsables de la comunidad española aceptaron que yo fuera a Madrid. Así que no pasó mucho tiempo antes de que me encontrara en uno de los aeropuertos más importantes de Inglaterra (Gatwick). Cerca de dos horas después de que partió el vuelo, me encontraba en el aeropuerto de Barajas en Madrid. Ahí me esperaba un hermano para llevarme en coche a la comunidad.

La comunidad era bilingüe

Al llegar encontré que era una comunidad bilingüe. Esto indicaba que era un lugar adecuado para aprender inglés fácil. Casi toda la comunicación era en inglés y español. Había gente de muchos lugares del mundo y de varias edades; muchos eran jóvenes de mi edad. Eso hizo que me sintiera en el ambiente que deseaba estar. Después de comer y descansar, uno de los responsables vino para hablar conmigo y eso producía seguridad porque mostraron interés de mi llegada. Llegué donde me recibían con aprecio. **Lucas 10:8** dice:

> Al llegar a un pueblo donde los reciban, coman lo que les sirvan.

Las escrituras mencionadas confirman lo que el Espíritu Santo hizo en todas las experiencias que contiene el libro. Reiterando, Él puede hacer cosas maravillosas con usted también. Él hace como desea con quien sea que quiere ser guiado por Él. Si se ora presentándole al Señor todo, como dice **Filipenses 4:6-7,** Dios cumple su palabra.

En España estuve desde principios de 1980 hasta mediados de 1984. Durante estos cuatro años, entre otras cosas, recibí enseñanza, aprendí a confiar más en Dios, conocí otras culturas, lugares, gente de diferentes países del mundo, aprendí a comunicarme más efectivamente en inglés y realicé nuevas formas de trabajo. Estuve en una escuela bíblica con compañeros de estudio de diferentes nacionalidades, Dios trató con cosas específicas en mi vida. Durante la escuela bíblica, produjo sanidades emocionales y una firmeza más fuerte de mis convicciones internas.

Una vez, para practicar carácter y aprender a tomar decisiones en momentos de adversidad, viajamos de dos en dos, caminando desde Madrid a Barcelona. Era en tiempo de frío, pero no tanto como en Río Gallegos. Mi compañero de viaje era de Argentina. Demoramos muchas horas para llegar a Barcelona, pero lo logramos. Tuvimos que caminar hora tras hora, sin que nadie nos recogiera; hubo tramos en los que algún coche o camión paró y nos transportó por un tiempo corto.

En otra ocasión. estando en Madrid, una vez viajó un grupo pequeño a Portugal. Yo era parte del grupo; visitamos Coimbra y Lisboa, entre otras ciudades, pueblos y lugares por donde pasamos. En España, pasamos por El Escorial, Ávila, Salamanca y Badajoz.

En el grupo estaba un profesor de inglés; él me ayudaba a mejorar mi comunicación. Viajábamos en una camioneta grande, equipada como casa rodante o caravana. Teníamos que quedarnos en los campings. Una vez, en uno de los parques de uno de los campings, había árboles con racimos de ciruelas maduras, listas para comer. Estaba permitido cosecharlas. El profesor y yo comimos muchas ciruelas. ¡Eran muy deliciosas!

Esta era nuestra forma de trabajo; viajábamos, nos divertíamos y nos gozábamos de estar haciendo algo digno y beneficioso para otros, compartiendo las Buenas Nuevas de salvación.

Otro viaje de carácter evangelístico fue con uno de los grupos. Salimos en carro desde Madrid hacia el norte de España, pasando por Bilbao, luego el sur de Francia, Burdeos, Normandía, Jersey, Sark y Guernsey. El recorrido entre Normandía y las islas inglesas lo hicimos en barco o ferry. En Guernsey trabajamos con una iglesia y estuvimos varios días. Después hicimos el mismo recorrido de regreso a Madrid. El grupo estaba compuesto por personas de varias nacionalidades.

Otro lugar de España que visité por razones de evangelismo fue Córdoba. En esta ciudad estuve en verano y hacía un calor insoportable. Era demasiada alta la temperatura durante los días que pasamos allá. Era un alivio cuando llegaba el atardecer refrescante. Otra ciudad en la que estuve fue Valencia. Allí fue muy corto el tiempo; también estuve en Tortosa. Algunos de los pueblos y ciudades por las cuales pasé o estuve fueron: Alcalá de Henares, Guadalajara, Zaragoza, Valladolid, Calatayud, Ciudad Real y una gran cantidad de lugares y pueblos pequeños.

En el Tirol Austria

Otro viaje enriquecedor que hicimos varios de la comunidad fue al Tirol, en Austria. Viajamos en bus, saliendo desde Madrid, pasando por Barcelona y el sureste de Francia, también Ginebra, Lausanne y Zúrich en Suiza. Pasamos por Liechtenstein para luego llegar al Tirol, al oeste de Viena. Mientras viajábamos, era fantástico poder admirar las bellas montañas europeas en el área de los Alpes.

En el Tirol, los paisajes naturales también son hermosos; allí vi por primera vez personas que se lanzaban desde una montaña volando en cometas. Ahí estuvimos en un parque-camping; yo compartía la carpa con un colombiano.

De regreso nos detuvimos en Zúrich, donde fuimos invitados por la familia de una de las compañeras de viaje a comer la merienda con unas tortas deliciosísimas. De Zúrich continuamos nuestro viaje de regreso a Madrid vía Lausanne, Francia y Barcelona. Todos estos viajes eran por razones del evangelismo, lo cual hacía que fueran agradables y encantadores, ya que el motivo de estos producía algo disfrutante. También era agradable la vista natural de los paisajes geográficos y todo lo bueno que se veía a uno y otro lado de las carreteras por donde pasábamos. El compañerismo de personas de confianza y que tenían el mismo propósito era otra de las características que causaban una realización de agrado y seguridad en los viajes. También he hecho algunos viajes de turismo formal; estos viajes también han sido agradables, pero he sentido que ha hecho falta algo más: la amistad cristiana.

Una ocasión fui invitado para pasar unos días con una familia de un pueblo cerca de Clermont Ferrand, en Francia. El jefe de la familia era ya mayor y era Doctor en Medicina; la familia se componía de él, la esposa y varios hijos. Cuando estuve allá, fue en tiempo de Navidad. Lo mismo que en otros lugares, en Francia también se reúnen en familia para celebrar la Navidad o, por lo menos, las familias francesas; esta era una familia típica de ese país. Los anfitriones me atendieron muy bien. Ellos también me hicieron sentir como uno más de la familia.

La noche de Navidad sirvieron mucha comida, con una variación abundante. Por causa del idioma, no entendía todo, pero fueron momentos agradables y enriquecedores. Al terminar las fiestas, empecé mi regreso a España, donde continué mis actividades. Entre todo lo que hice fue que estudié un curso de cultura general en la universidad UNED. Enseñé español como segundo idioma en un colegio privado para alumnos extranjeros. Además de salir con grupos de evangelismo, vendía libros cristianos e iba por las iglesias proyectando una película que administraba la comunidad. No se sabe el número de personas que van a estar en la eternidad por este trabajo realizado.

Cuando estaban por realizarse los Juegos Olímpicos de Moscú, una de las cosas que hicimos en la comunidad fue orar y ayunar para que el evangelio fuera predicado en ese evento. Nunca antes ni después he ayunado y orado tanto por una nación en particular como lo hice junto con estos hermanos por la ex Unión Soviética.

En el año 1984 se celebraban los Juegos Olímpicos en Los Ángeles, California, y allá también se realizaría un evento evangelístico durante las Olimpiadas.

Al regresar a Colombia, después del trabajo evangelístico en California, empecé a trabajar con los indigentes. Éramos un grupo de varias personas que ayudábamos a la gente marginada, especialmente niños que estaban por empezar a vivir en la calle o que ya lo hacían. Algunas de las cosas que hacíamos era que preparábamos chocolate caliente e íbamos a las calles a ofrecerles y tomar el chocolate junto con los niños abandonados.

Había una casa donde los niños o la gente de la calle podía ir a ducharse y lavar su ropa, nosotros administrábamos la casa. Por todos esos lugares veía que la mies es mucha y los obreros eran pocos (*cf.* **Lucas 10:2**). Esto sigue siendo una necesidad en el mundo.

De España a Estados Unidos

Seguidamente, obtuve soluciones en diferentes áreas de la vida. Dios estuvo conmigo en todo tiempo dándome ánimo.

Olímpicos en la ciudad de Los Ángeles California 1984

En 1984, cuando tuve la convicción de que terminaba mi tiempo de trabajo evangelístico en España, solicité ir con un grupo que viajaba a evangelizar durante los Juegos Olímpicos a la ciudad de Los Ángeles, California.

El grupo saldría de Madrid y estaría visitando iglesias y viajando. Después de todo, por razones económicas, entre otras cosas, no fue posible que yo viajara. Todos los que formaban preliminarmente el equipo viajaron menos yo.

Al principio había un poco de lucha, pero después me puse a agradecer a Dios por la situación. Un buen día mientras, hacía el aseo del comedor de la comunidad donde vivía en Madrid, el teléfono que estaba cerca de donde yo me hallaba timbró, contesté y, para mi alegría, era un muchacho de Estados Unidos, a quien, durante su visita a España, en un verano, le ayudé entre otras cosas con un poquito de interpretación.

Hablamos acerca de mi viaje a Estados Unidos; le conté que no podía viajar y, como parte de la razón era económica, entonces él me dijo que ese no debería ser un obstáculo para que yo viajara. Me dijo que hablaría con el responsable de la organización y que le dijera que me prestara el dinero para los pasajes desde Madrid a Estados Unidos.

Después de orar y hablar del tema, se concretó el viaje en relación con lo económico; quedaba el desafío de la visa para viajar a Estados Unidos y los lugares donde quedarme. En ese tiempo yo cursaba unos estudios en la universidad a distancia y tenía que hacer unos exámenes. Estos exámenes se cruzaban con el tiempo en que yo estaría en los Estados Unidos. Después de orar y confiar en el Señor Jesucristo, me dieron visa para poder viajar a Estados Unidos. Como se lee en **Apocalipsis 3:7**, Dios seguía abriendo las puertas.

Con respecto al viaje, yo podía comprar un pasaje solo de ida, el cual era más barato que uno de ida y regreso. Para mi sorpresa, después de haber pagado, me di cuenta de que me habían dado uno de ida y regreso por el mismo precio de uno de ida. En lo relacionado con el examen, después de orar, se arregló, obteniendo la posibilidad de hacerlo en la embajada de España en Washington. Así, no solamente se arregló lo del examen, sino que también se solucionó lo de la posada. Desde España vía telefónica y, por medio de responsables de la organización con la que trabajaba (JuCUM), obtuve lugar donde podía quedarme durante el tiempo que necesitaba para hacer el examen. Filipenses 4:19. Dios provee todo lo que haga falta a quien sea que le busque.

El ticket y en la inmigración

El pasaje más económico que podía comprar era para viajar desde Madrid a Nueva York. Pero el viaje era hasta Los Ángeles y desde ahí hasta Colombia. Es decir, viajar a Nueva York era menos que la cuarta parte del trayecto del viaje. Tenía que pensar en la economía para seguir el viaje: para comida, mi estadía en Estados Unidos y en los lugares donde debería estar antes de llegar a Colombia.

En España yo conocía a alguien que tenía conocidos en Nueva York y, cuando les conté que iría a esa ciudad, me dijeron que contactarían a sus amigos para que yo viviera en su casa por los días que necesitara antes de continuar mi viaje.

Al llegar al aeropuerto John Fitzgerald Kennedy de Nueva York, tenía que enfrentar el desafío de que me negaran la visa de entrada al país, pero algo que fue positivo para que no sucediera esto era que tenía un pasaje de ida y regreso.

Después de muchas preguntas, me dieron la visa de entrada. Yo no conocía la gente que me esperaba, pero después de que pasé la inmigración, me comuniqué por teléfono con ellos y les expliqué lo que sus amigos en Madrid me habían dicho.

Explicamos recíprocamente (esta vez en español) los detalles del color de las chaquetas y del vestuario que teníamos; nos pusimos de acuerdo cerca del lugar donde nos encontraríamos dentro del aeropuerto y, al final, después de unas dos horas, logramos encontrarnos. Para mí entonces no existían los teléfonos celulares (móviles).

Todos estos éxitos se lograron después de orar y confiar esperando en el Señor Jesucristo. Cuando oramos de acuerdo con su voluntad, Dios actúa, como leemos en **1 Juan 5:14-15**.

Viaje del este al oeste

Aunque ya estaba con la familia con quien me quedé en Nueva York, seguía teniendo el desafío de por lo menos llegar a la ciudad de Los Ángeles. Mientras seguía orando y confiando en el Señor, pensé que deberían ir grupos de Juventud con una misión (JuCUM) de la costa este a la oeste.

Llamé a una base de la organización que estaba en Connecticut y pregunté si sabían de algún grupo que viajara desde cerca de Nueva York a Los Ángeles vía terrestre. Me dijeron que ellos tenían un grupo que viajaría, pero que era en bus y que estarían visitando iglesias durante el viaje; esto era lo que yo deseaba. Así que después de concretar todo fui y me uní al grupo. Ninguno hablaba español, así que podía practicar mi inglés como una preparación para evangelizar en Los Ángeles. Viajamos en bus visitando varios pueblos o ciudades intermedias e iglesias.

Yo deseaba comunicarme con el hombre que me había prometido pagar mi pasaje, pero no sabía cómo poder encontrarme personalmente con él. Un buen día sentí la convicción de llamar al teléfono de una iglesia de la misión de la cual él era miembro; esto para saber si sabían de él. Para mi gran sorpresa, fue él quien me contestó; por lo que me dijo, era muy raro que él fuera a esa iglesia, pero que ese día había sentido que debería ir temprano específicamente a esa iglesia.

La hora que llamé eran como las ocho de la mañana, hora local, y casi no me atrevía a hacerlo por lo temprano. Al hablar con él, me dijo que el lugar donde él estaba no quedaba muy lejos de donde yo me encontraba. Me preguntó cuánto tiempo íbamos a estar. El tiempo que nos quedaríamos ahí era suficiente para que él viniera a donde yo estaba. Me dijo que vendría con algunas cosas que tenía para mí. Vinieron con la esposa y me trajeron dinero para que continuara el viaje, toallas, artículos de aseo personal, cosas que yo necesitaba sin que ellos supieran, pero Jesucristo si sabía.

Al continuar el viaje pasando por algunos estados, entre otros, por Alabama, Mississippi, Louisiana, Texas y Nuevo México, llegamos a Arizona. En algún lugar, los responsables se preguntaban si deberían seguir directo o desviar e ir a ver el Gran Cañón del Colorado. Al principio decidieron ir al Gran Cañón, pero luego cambiaron; sentí un poco de desilusión porque sí deseaba conocer esa maravilla natural, pero después de todo no estaba allí de turista, sino que iba para evangelizar.

Así que oré dando gracias al Señor por eso; para mi felicidad un rato después quedé sabiendo que habían cambiado nuevamente y que íbamos a ver la maravilla natural del Gran Cañón; así que fuimos a uno de los lugares donde se puede apreciar ampliamente el lugar.

Luego seguimos al destino de evangelismo. Al llegar allí, me uní al grupo con el que no había podido viajar y que si hubiera podido no habría podido practicar mi inglés, ni conocer el Gran Cañón, entre otras bendiciones que experimenté viajando como lo hice. Estando en Los Ángeles me dediqué a ayudar al grupo para hacer el evangelismo que se deseaba.

Un día de descanso, algunos planeaban ir a Disneylandia, yo no tenía presupuesto para eso, pero un hombre de la iglesia, al saber que iba el grupo, espontáneamente, sin que supiera si yo tenía o no tenía dinero para ir, me dijo que él me regalaba lo de la boleta para que yo fuera con ellos. Fue otra sorpresa del Señor Jesucristo en ese viaje. Como vemos en **Salmos 37:4,** Él nos da lo que él sabe que es bueno para cada uno.

Del oeste al este y otros lugares

Al terminar los Juegos Olímpicos, regresé nuevamente con el grupo que había viajado desde la costa este hasta la oeste. Uno del grupo me invitó a quedarme en la casa de su familia en un pueblo de Virginia, antes de ir a Washington a hacer el examen en la embajada de España.

Ahí me quedé poco tiempo después, mientras esperaba para que llegara el tiempo de hacer el examen. Compré un pasaje de bus que costaba muy poco, como 99 dólares, y que me daba derecho de viajar por todo el país por una semana, así que viajé en bus para conocer varias ciudades y lugares de Estados Unidos. Estuve en Las Cataratas del Niágara, en Mineápolis, Chicago, Boston, Filadelfia y San Louis, entre otras ciudades y pueblos. Una vez más el Señor me sorprendió dándome esta oportunidad de conocer esos lugares, confirmando lo que dice **Salmos 37:4**.

También visité un pueblo del Estado de Nueva York, a la familia de un pastor que había conocido en España. Hice el examen, luego fui a Tennesse para estar con la familia del hermano que me dio lo del pasaje para viajar desde Madrid y economía para transporte hasta el regreso a Colombia. Allá compartí en una iglesia, pasé unos días con ellos y luego seguí a Dallas y Tailer; ahí estuve en la base de JuCUM unas semanas; luego seguí para Colombia vía terrestre con un grupo que iba para evangelizar en Belice.

Me dejaron en México; de ahí viajé a Guatemala, visité algunos amigos, luego salí para Colombia vía aérea, pasé un corto tiempo en San Andrés y luego continué el viaje para Bogotá. Al llegar a Colombia, empecé a trabajar con el ministerio de ayuda a los necesitados.

Poco tiempo después de mi regreso a Colombia, vino una hermana de Suecia para trabajar con el programa que la comunidad tenía con los marginados. Trabajamos juntos por un tiempo y yo le ayudaba con el idioma. El corazón empezó ser más y más sensible hacia esta hermana, lo cual me llevó a tomar la decisión de empezar a orar por ella más continuo y específico, hasta que nos casamos.

Capítulo 3:
Soluciones a desafíos variados en ocasiones recientes

Cuando se presentan los desafíos y no se tiene a quien acudir, mucho se vuelve más difícil, pero cuando se acude al Señor, todo es más fácil.

Colombia 2013

Viajé a Colombia en noviembre de 2013. Todos los triunfos logrados en este viaje fueron por la intervención del Señor Jesucristo para que sucedieran. Fue respuesta de oración. Se oró mucho por este viaje y Dios en su fidelidad se manifestó, dándome los éxitos que experimenté. En **Efesios 6:10-20** encontramos una forma muy eficaz de orar, ya que nuestras luchas espirituales no son contra personas, sino contra potestades espirituales de oscuridad, las cuales están en contra de que tengamos victoria. Sin la intervención del poder del Señor Jesucristo por nuestra oración, no logramos los éxitos deseados.

Cuando supe que iría a Colombia, empecé a buscar un pasaje económico. Lo compré con bastante anticipación y a raíz de eso encontré uno para viajar desde Londres a Bogotá por una aerolínea muy buena.

Cuando empecé el viaje, fui de Estocolmo a París y de París a Londres en buenas compañías de aviación. Para trasladarme al aeropuerto, viajé en bus. Cuando llegué a la estación de los buses que van de Uppsala al aeropuerto me encontré con un conocido; hablamos de algunas cosas entre otras del viaje que yo estaba por realizar.

Al llegar a Arlanda, abordé el avión que me llevaría a París. El despegue se realizó con toda normalidad y el viaje demoró alrededor de dos horas. Al llegar, el aterrizaje también fue normal. En Paris tenía que estar unas ocho horas antes de continuar el viaje a Londres. Ahí visité un pueblito pintoresco francés. Este pueblo está cerca del aeropuerto Charles de Gaulle. En el pueblito compré algunas cosas, luego regresé al aeropuerto, descansé y cuando llegó la hora de abordar el vuelo para Londres me dirigí a la sala de espera.

No tuve que hacer *check in*, ya que lo había hecho con bastante anterioridad, no teniendo que llevar la maleta grande conmigo. En el viaje a Londres, el espacio aéreo estaba despejado y era muy fácil ver la parte más estrecha del Canal de la Mancha entre Inglaterra y Francia. Siendo que tenía el puesto cerca de la ventana, pude disfrutar viendo el panorama del norte de Francia y el sur de Inglaterra, antes de llegar a Londres.

Al llegar a Londres, pude ver la ciudad mientras el avión la sobrevolaba. Pude apreciar el London Eye de Londres, el río Támesis, el estadio Wimbledon, el Big Beng y el conjunto de edificios que se levantan majestuosamente hacia el firmamento. Todo esto era como un regalo del Señor, pues todo funcionaba bien y yo disfrutaba de los detalles del viaje.

Al llegar a Heathrow, pasé la inmigración sin ningún inconveniente. Todo estaba en orden, mi maleta se demoró un poco, pero tuve un sentimiento de alegría cuando la vi venir en la cinta del equipaje. Tenía que transportarme de Heathrow a Gatwick, ya que el vuelo hacia Suramérica salía de Gatwick. No fue difícil preguntando cómo y dónde tomar el bus; llegué rápido ahí. Le pregunté a un conductor acerca de cómo viajar a Gatwick; él me dijo que el bus vendría dentro de poco y me preguntó si ya tenía el ticket. Le contesté que no; él me indicó la oficina donde debería comprarlo.

Caminé hasta la oficina y allá me ayudaron a comprarlo en una máquina. Regresé habiendo entendido que el bus vendría en otro horario; debió de ser el Espíritu Santo que me hizo ir a esperar al paradero, pues el bus llegó 20 minutos antes del tiempo que yo había estado pensando que iba a llegar. Si no hubiera sido así, habría perdido el dinero del ticket, habría llegado tarde y tendría que haber pagado extra para que un bus me llevara del aeropuerto al hotel.

El Señor Jesucristo le ayuda a uno en los detalles. Tomé el bus con destino a Gatwick; era un bus cómodo, confortable. En la carretera había ocurrido algo y en algunos tramos había trancones o atascamientos de tráfico, pero el bus no tuvo mayores dificultades en el recorrido y, de esa forma, llegué a tiempo. Al llegar a Gatwick, según las instrucciones que había recibido del hotel, busqué un teléfono, llamé anunciando mi llegada y muy pronto vino un bus pequeño a llevarme al hotel. Junto conmigo viajaron otros pasajeros, algunos iban para otro hotel. Al dejarlos, pregunté si habíamos llegado a la Casa Blanca, pues así se llamaba el hotel donde yo me hospedaría. Pero ellos contestaron que todavía no, la siguiente parada era mi hotel. Después de un día de espera y del viaje, lo que quedaba era descansar, así que me acosté y dormí. Para el día siguiente, le había pedido al de la recepción que me despertara a una hora determinada, pero no hubo necesidad. Me desperté más temprano, pasé tiempo con Dios, tomé una ducha y bajé a desayunar. Me iban a preparar un desayuno inglés; también me ofrecían un desayuno continental, así que acepté el último.

Como tenía que hacer el *check in* lo más temprano posible, pregunté si me podrían llevar al aeropuerto antes del tiempo que había reservado. El conductor del bus pudo llevarme un poco más temprano. Llegué al aeropuerto y busqué la compañía con la que viajaría a Bogotá vía Frankfurt; entonces entregué la maleta, me dieron las tarjetas para abordar el avión, me dirigí a la sala de espera, pasé la emigración y ahí me hicieron quitar los zapatos e hicieron una revisión muy minuciosa o detallada. Eso por razones de seguridad. Tenía que esperar, porque los tableros de anuncios de las salas de espera daban la información con poca anticipación.

Llegó el momento de abordar y despegar. Tuvimos un buen despegue y un buen vuelo de Londres a Frankfurt. Todo parecía como si Dios estuviera en todos los detalles. En el avión sirvieron algo muy sencillo, el vuelo demoró un poco más de una hora. Al llegar a Frankfurt tenía que hacer los mismos procedimientos de emigración y espera para continuar el viaje a Bogotá.

Llegó el momento en que debería abordar el avión. Esta vez era uno enorme. El asiento no estaba muy atrás y solo eran dos pasajeros en la línea; el asiento mío estaba hacia el pasillo. Esta vez había que pensar que habría que estar cerca de once horas dentro del avión en el aire, cerca de nueve horas sobre el Atlántico. Durante el viaje leí parte de un libro jurídico sobre la educación sueca; el libro era en sueco. Esta fue una forma de que se acortara el tiempo.

Durante el viaje. las azafatas y los auxiliares de vuelo servían jugos, agua y comida. La comida no era abundante, pero tenía buen sabor y estaba bastante caliente. Una y otra vez miraba la pantalla de información y después de volar horas y horas, la pantalla mostraba las islas del Caribe. Entre otras, mostraba Puerto Rico, pero antes a las islas Azores; estas islas parecen manchitas perdidas en el gran océano. Después de las islas aparece el norte del continente suramericano, mostrando el norte de Colombia y Venezuela. Más tarde entra el avión volando sobre el lago de Maracaibo para luego sobrevolar las terminaciones de los Andes, siguiendo la ruta hacia Bogotá. Entre otras ciudades, aparecen en la pantalla Bucaramanga, Medellín, Cúcuta y Tunja.

Llegada a Bogotá

Llegó el momento en el que el avión empezó a prepararse para el aterrizaje y por la ventanilla se podían ver las luces del alumbrado de la sabana de Bogotá. El aterrizaje se realizó normalmente y. cuando dieron orden de que nos desabrocháramos los cinturones de seguridad. muchos se pusieron de pie como queriendo salir al mismo tiempo. Sin duda, el cansancio del largo viaje produce ese deseo.

Cuando los pasajeros empezaron a salir y llegó mi turno de la salida, saqué mi maleta de mano de las gavetas y empecé a caminar por el pasillo del avión hasta la puerta. En la puerta estaban algunos del personal despidiendo a los pasajeros. Cuando puse mis pies en el pasillo que conduce a las salas de salida, di gracias al Señor por haber tenido un viaje sin problemas. Una y otra vez he llegado al aeropuerto El Dorado y las últimas veces que lo había hecho llegaba a las salas de salida por un túnel que daba la impresión de una muralla para la defensa.

Esta vez me encontré con una salida moderna, parecida a uno de los aeropuertos de algunas ciudades europeas. Cuanto más caminaba hacia la salida, más se podían apreciar los cambios en el aeropuerto. Pasé la inmigración y, como otras veces, me dieron la bienvenida; esto produce un sentimiento de agradabilidad y aceptación.

Me dirigí a recoger mi maleta, pero no salía. Esperé un rato y no llegaba. Observé que pasajeros que había visto en Londres también esperaban su equipaje; esto me hizo pensar que la razón por la que mi maleta no llegaba era porque el equipaje de los pasajeros que veníamos desde Londres vía Frankfurt lo habían empacado primero y por esa razón tenían que sacarlo de último.

De repente, empezó a salir más equipaje con el que venía también mi maleta. La tomé y empecé a caminar hacia la aduana. Anteriormente había que abrir el equipaje y revisaban cosa por cosa. Esta vez nadie me pidió revisar nada. Encontré un aeropuerto nuevo y moderno. Tenía que mirar a un lado y otro para saber si veía a alguien conocido; de pronto, vi que venía mi sobrino hacia mí. Un poco más atrás estaban mis dos hermanas; fue de mucha alegría poder darles y recibir un abrazo. Nos dirigimos al carro que estaba parqueado a unos metros de donde nos encontrábamos.

Empezamos a buscar la salida para ir a casa de una de mis hermanas, donde me hospedaría durante el tiempo que estaría en Colombia. Tomamos la avenida a El Dorado y luego la avenida Cali. Mientras avanzábamos por la avenida Cali, pude ver carros modelo de los años 1960, que me hacían recordar tiempos atrás y hacíamos comentarios que nos recordaban cosas del pasado y nos causaban humor y alegría.

Llegamos a casa. Isabel sirvió una sopa rica de auyama; como para mí ya eran las tres o cuatro de la mañana, aunque el tiempo local eran las ocho o nueve de la noche, mi deseo era poder descansar. Como siempre, disfrutaba del don de servicio que tiene Isabel, pues había una cama tendida, lista para descansar. Por causa del viaje y el cambio de horario, a veces no se puede dormir normalmente; sin embargo, descansé bastante bien.

Algunas cosas sobresalientes que sucedieron durante la estadía en Colombia

Entre lo más importante fue estar con la familia y algunos nuevos y viejos amigos. Hablé con Esteban Bartel y pasé tiempo conversando con el pastor Omar, lo cual fue bastante productivo. Con una sobrina, un hijo de un primo y un nieto de una de mis hermanas viajé a Villavicencio. Fue interesante volver a ver parte de las llanuras colombianas, disfrutar del calor y de comer una carne deliciosa.

Disfrutar de una cena o almuerzo con mis familiares fueron momentos agradables. Por ejemplo, visitar a mi hermano en Fusagasuga y ver desde la ventana de su casa una panorámica de alrededor de 300 kilómetros es algo que causa una sensación de agrado al contemplar la belleza de naturaleza que Dios creó para nuestro bienestar. Comer juntos un delicioso pollo asado con mi hermano, la esposa, un nieto de ellos y una de mis hermanas, en un ambiente de familia, es también algo valioso y enriquecedor. Fue animante poder caminar por las tibias calles de Fusagasuga con mi hermano y compartir recíprocamente experiencias variadas. También fue llamativo visitar el seminario bíblico y poder dejar un par de libros con el director del seminario. El clima de Fusagasuga es encantador.

Ser invitado por una de mis sobrinas a comer en su apartamento y luego volver a compartir en su grupo de oración y dar testimonio de lo que Dios hace, y luego ser invitado por uno de sus hermanos para ir a su apartamento y tomar un chocolatito caliente, con buñuelos deliciosos, me produjo una sensación agradable.

Algo que me causó mucha admiración fue cuando la esposa de este sobrino me preguntó que si viniendo de tan lejos Dios no me había dado una palabra para ellos. Le contesté que era la misma que había dado el día que compartí en el grupo en el apartamento de su cuñada. La palabra es:

> Más buscad primeramente el reino de Dios y su justicia y todas estas cosas os serán añadidas **(Mateo 6:33).**

Ser invitado primero al apartamento de la hija de mi hermana mayor y comer un delicioso salmón junto con otros familiares y luego ser invitado por el hijo menor, a comer arroz tailandés en su apartamento, junto con mi hermana y compartir diferentes experiencias de lado y lado, es algo que me enriqueció y ayudó a fortalecer los lazos familiares.

Sentarme en familia con mi hermana menor, su esposo, sus hijos y yerno para comer pollo asado en un centro comercial moderno me dejó una sensación de mucho agrado. Lo mismo sucedió al ser invitado y sentarnos varios en su casa a comer un cuchuco delicioso y preparado con aprecio. También la invitación a almorzar en el apartamento de su hija y yerno fue causa de un efecto agradable; esto se aumentó al estar en familia y poder compartir experiencias de unos y otros para edificarnos.

A todo esto, se añade el sentimiento de agradabilidad al sentarme con mis hermanas en un restaurante y comer ceviche de camarones y luego ser invitado por mi hermana mayor a comer un arroz atollado en el apartamento de su hijo menor y seguir contando experiencias que nos edificaban

La hospitalidad de mi hermana que me hospedó fue el postre de todo. El hecho de comprar frutas y alimentos que cooperaban para que no me enfermara por el cambio de alimentos y geográfico, el entusiasmo de desear y llevar a la práctica que todo funcionara bien en mi favor, por ejemplo, detalles como tener una cama en la que podría dormir bien, tendida con sábanas, sobre sábanas y cobijas para que no sintiera frío, lavar la ropa, preguntar si necesitaba algo y mucho más; todo esto produce un sentimiento agradable que no se puede explicar con palabras. La buena actitud con la que cada uno me recibió y manifestó es algo que añade y aumenta la sensación de agrado, lo que es maravilloso de recordar.

Algo peculiar que sucedió en uno de los viajes en bus a Fusagasuga fue que iba en un bus de la localidad. Estos buses recogen pasajeros en el lugar que el pasajero señale que va a quedarse. Por causa de esto, demoran mucho tiempo y el horario de llegada puede variar de una forma notable. Todos deseábamos llegar a tiempo, pero especialmente una chica tenía mucha prisa de llegar.

Ella protestó por las continuas paradas y la demora. A pesar de todo esto, cuando el bus iba a recoger a un pasajero, otro pasajero que iba en el bus pidió que le permitieran bajarse para comprar un pan que había olvidado. La panadería no estaba muy cerca y él tenía que correr delante del bus para llegar a la panadería. Después, el ayudante del bus pensaba que deberíamos continuar, pero el hombre del pan no había logrado comprar su pan. Cuando el pasajero compró su pan y subió nuevamente al bus, salimos del área urbana y el bus empezó a aumentar cada vez más la velocidad para ganar el tiempo que había perdido. A pesar de todo, llegamos bien a nuestro destino.

En el primer viaje, mi hermano vino a encontrarnos a la estación de los buses y de ahí tomamos un taxi para ir a la casa. En el segundo viaje sucedió algo parecido, pero no lo del hombre y el pan. En este último viaje tomé un taxi, pero como no supe explicarle bien el lugar a donde necesitaba ir, el conductor me llevó a un lugar equivocado.

Yo había leído en los medios de comunicación que había taxis en los que los pasajeros eran atracados y robados. No me sentía muy seguro, pero después de orar en el taxi que daba vueltas por varios lugares, llegó a un lugar donde pude ver que mi hermano me estaba buscando. Era un alivio poder salir de la odisea y sentir que estaba en un área de seguridad.

El propósito del segundo viaje fue para ir a predicar en un grupo de hogar. El Señor me dio una palabra clave y específica para el grupo; yo podía captar que lo que compartí fue algo directo y clave y que era de acuerdo con la necesidad que había en la gente que estaba ahí. Para mí es un gozo, un ánimo y un deleite, sin que yo lo merezca, poder ser instrumento para compartir lo que Dios tiene para dar, según las necesidades que haya, sean muchos, un grupo pequeño o a un solo individuo.

Haber podido predicar en la iglesia que pastorea el hermano Omar fue también especial. Me causa mucha alegría cuando soy instrumento para traer de parte de Dios ánimo, alegría y convicción a la audiencia; esto y mucho más sucede cuando el Señor Jesucristo me da la oportunidad de ministrar en las iglesias, en grupos o a individuos.

Llegó el momento de hacer las maletas

El tiempo en Colombia empezó a terminarse, así que llegó el momento de empezar a alistar las maletas y el regreso a casa en Europa. El día del regreso mis hermanas hicieron arreglos para que yo tuviera transporte para ir al aeropuerto. Algunos sobrinos que tenían carro por varias razones no podían, pero una parienta de algunos de mis sobrinos prestó su camioneta; ahí viajamos mis hermanas, mi hermano, mi cuñada, un hijo de una sobrina y mi sobrino, quien conducía el carro.

Después de parquear el carro, salimos y nos dirigimos a la sala de entrega de equipaje. Nuevamente sentí la sensación de caminar por uno de los aeropuertos modernos de Europa. Todo era nuevo, elegante y limpio. Mientras hacia las gestiones de la entrega de equipaje y de los documentos de salida del país, quienes fueron a acompañarme me esperaron, disfrutando de estar en el aeropuerto renovado.

Después nos dirigimos todos a una cafetería, tomamos algo y llegó la hora en que tenía que dirigirme a la sala de salida para pasar la emigración. Hice señales de despedida hasta que no pude ver a nadie más de los que habían ido a acompañarme. Los sentimientos se mezclaban al pensar que era una alegría volver a casa, pero también por el hecho de no saber cuándo podría volver. El pensamiento de que podríamos seguir comunicándonos causaba ánimo.

Después de pasar inmigración, me dirigí a la sala de espera para a abordar el avión. Sin excepción, cada vez que viajo en avión, pido al Señor que tengamos un buen vuelo, un buen viaje y un buen aterrizaje. Durante el vuelo continuamente estoy dando gracias al Señor porque todo funcione bien en lo que queda del viaje. Los viajes de Europa a Suramérica son largos y producen cansancio; la compañía en la que viajaba esta vez era una de las mejores del mundo y eso produce seguridad, pero la última palabra en seguridad es la que se produce cuando oro y Dios actúa. El vuelo partía alrededor de las 21:00 horas, el piloto hizo los anuncios de salida y, siendo que volaríamos en contra del sol, la noche fue una noche formal de las más cortas en la historia de los viajes que he hecho.

La atención del personal del avión fue excelente. Continuamente pasan ofreciendo refrescos y refrigerios. La comida no era muy abundante, pero sí deliciosa; generalmente hay dos platos para elegir y los aviones en los que viajé de ida y de regreso eran bastante cómodos. Esta vez no pude ver el amanecer. La persona compañera de viaje estaba sentada hacia la ventana la cerró y no me atreví a incomodarla pidiendo que la abriera. Mucho del viaje fue sobre el Atlántico; el avión debería aterrizar a eso de las 15:00 horas. Llegamos en tiempo, pero mi viaje continuaba a Londres desde el continente europeo.

Debería llegar a Londres lo antes posible para no llegar muy tarde al hotel que ya había reservado con anticipación y que ya me había cobrado por la estadía. El vuelo desde Frankfurt salió un poco retrasado; salimos después de las 18:00 horas, pero ganó tiempo en el aire. Llegamos a eso de las 18:20. Gastó un poco más de una hora. En el avión mis compañeros de asiento eran dos caballeros: el que estaba sentado más cerca de mí era de habla inglesa, pero de origen asiático; el otro era alemán, pero hablaba inglés. Por lo que oí, el alemán iba a visitar por la primera vez Inglaterra. El de habla inglesa hablaba mucho y casi todo el tiempo. Hablaba de que viajaba a lugares muy distantes, él hacia viajes a Japón, Nueva York, entre otros lugares. Como el alemán iba por primera vez a visitar Inglaterra, el inglés le explicó detalles de lo que debería hacer cuando llegara a Londres.

El avión aterrizó. Salimos a las terminales de Heathrow. Son muy largos los pasillos para ir de un lado al otro; los caminadores eléctricos ayudan a acortar distancia, pero por causa de que yo necesitaba llegar temprano al hotel, arrastraba la maleta y caminaba en los caminadores del aeropuerto; eso me ayudaba a ganar a un más tiempo. Mientras caminaba, oraba que no hubiera nada que hiciera que demorara más en la inmigración y que la maleta que debería recoger después de haber pasado la inmigración estuviera en los transportadores donde se recogen o que no la demoraran.

Al llegar a la inmigración, vi una fila larguísima. Una era para pasajeros no europeos y otra para ingleses y europeos. Había varios agentes de inmigración autorizando la entrada, así que no demoró mucho para que llegara mi turno. Así como había orado sucedió, nada trancó que me demoraran pasar la inmigración. Me dirigí a la sala donde debería recoger la maleta.

Estaba oscuro y el desafío que tenía por delante era encontrar el hotel viajando en bus. El hotel estaba bastante distante del aeropuerto. Tenía que ir a una terminal de buses y para llegar allá había que caminar por un túnel. En algún lugar le pregunté a alguien cómo podría llegar al hotel. Al ver la dirección, me dio indicaciones de qué bus debería tomar. Tomé el bus que me indicó; el número coincidía con el mismo número que yo había visto por Internet.

Al subir al bus le mostré la dirección del hotel al conductor. Él me dijo que me avisaría donde debería bajarme para ir al hotel. El bus viajaba y viajaba; llegó el momento en el que tuve que preguntarle si ya iba a llegar al destino. El conductor me contestó que no, que él me avisaría. Algo me decía que no estaba en el camino correcto. Sin embargo, llegó el momento en que me dijo que debería bajarme; el lugar era un poco oscuro. Su inglés era rápido y con un acento diferente al que yo estaba acostumbrado. De todo lo que pude entenderle, era que debería caminar hasta un semáforo. Ya eran como las ocho de la noche. Estaba oscuro. No había casi nadie en las calles. Tenía que arrastrar las dos maletas; la más grande era bastante pesada, y las calles de ese lugar de Londres no estaban tan iluminadas.

No encontré ningún hotel, y todo indicaba que estaba en un lugar equivocado; eso empezó a ser una odisea. Vi que había un establecimiento abierto. Me dirigí allá y pregunté si sabían dónde quedaba el hotel, de acuerdo con la dirección que tenía. Él me dijo que regresara por donde venía y que no era muy lejos. Empecé a caminar de regreso con las maletas de rastra; la convicción que tenía era que seguía perdido.

Mientras estaba caminando, entre oscuro y claro, vi a una señora de aspecto inglés que estaba en el jardín de una casa. Le pregunté por la dirección y el nombre del hotel y ella me dijo que no sabía que hubiera hoteles cerca de ahí. Pero que un poco más adelante había algo que era como un hostal. Me dirigí hacia allá. La entrada era oscura. No sabía si había perros, pero me arriesgué a entrar por el jardín, a timbrar y preguntar. Salió un hombre joven vestido con ropas orientales, hindúes. Le pregunté acerca del hotel, él buscó el número del área y me dijo que estaba como a cuatro kilómetros de ahí. Caminar cuatro kilómetros arrastrando las maletas, era algo que no cabía en mi mente.

Yo no tenía celular. Le pregunté que si él podía llamar un taxi y yo le pagaría la llamada. Me dijo que era muy caro; le contesté que por seguridad yo lo pagaba. Él me dijo que, si estaba dispuesto a pagar, lo mismo él preguntaría a alguien que me llevara. Empecé a orar en lenguas. Él llamó a la persona, esa persona contestó que no podía; el hombre dijo que él me llevaba si le pagaba. Yo seguí orando en lenguas en voz baja, él entró a la casa a preguntar algo y salió diciendo que no me llevaría.

Después de todo eso, me dijo que fuera al semáforo (el mismo semáforo que me indicó el conductor del bus) y que esperara el bus 222 y que me bajara en el paradero de Church Road. El nombre del paradero me sonaba conocido, pues lo había leído una y otra vez en la información del hotel que hay en Internet.

Eso me produjo confianza, pensando que él no me estaba engañando; le hice repetir como tres veces los números del bus para asegurarme que yo le había oído correctamente. Cuando uno habla con personas con las que no está acostumbrado a hablar y. además. tienen un acento diferente, en el tercer idioma que uno ha estudiado, al principio no es fácil de entender todo con claridad. Después de que me aseguré de que todo era claro, le di gracias y me dirigí al semáforo. Al llegar al semáforo, ahí estaban unos jóvenes. Les pregunté si ahí pasaba el bus 222. Me dijeron que sí. Les pregunté si sabían dónde estaba la dirección que buscaba y el hotel; unos me decían una cosa y otros otra.

Llegó el bus. Subí, le mostré la dirección al conductor y le pregunté si él sabía donde era. Me contestó que él no sabía, que les preguntara a los jóvenes, porque ellos conocían mejor el área. Les pregunté a unos y me decían que estaba en la estación; otros dijeron que fuera por otro lado. La confusión se hizo más grande. De pronto, subió una chica con un teléfono en la mano. Le hice la misma pregunta y le mostré el papel en que estaba escrita la dirección y el nombre del hotel. Ella empezó a buscar la dirección con el satélite vía Internet y todo indicaba que el bus iba en la ruta correcta.

A medida que el bus avanzaba, el satélite mostraba que nos acercábamos a la dirección indicada. Estuve muy atento, mirando por la ventana del bus por si podía ver el aviso del hotel. En medio de lo oscuro que estaba, vi un aviso que me era conocido. Pedí al conductor que se detuviera, él lo hizo y miré más atentamente. Fue una sorpresa de mucha alegría ver que el aviso era el del hotel que estaba buscando. Le dije al conductor que yo deseaba quedarme ahí y, aunque no era el paradero, él me permitió salir. El haber encontrado el hotel produjo un sentimiento de alivio que no se puede explicar. Durante el viaje le dije a la chica que me ayudaba a encontrar la dirección que no era fácil estar perdido. Mientras viajábamos yo oraba en lenguas en una forma de susurro, es decir, muy bajito. Esto hizo que el Señor Jesucristo usara ángeles humanos o en forma humana para ayudarme. La ayuda que recibí de la chica y el conductor me daba la impresión de que era una ayuda causada por el poder de Dios.

Llegada al hotel

Al llegar al hotel me dijeron que ellos ya habían cobrado por la estadía, pero que podía quedarme. La recepcionista me dio la información del hotel y la habitación y la llave. Después de un viaje que había empezado hacía más de 24 horas cruzando el Atlántico y después de todos los incidentes que había tenido buscando el hotel, y pensar que había llegado el momento de poder descansar, el cansancio se desarticulaba. En vez de eso, se producía una sensación muy agradable al estar en un lugar seguro y adecuado para dormir.

Me alisté para dormir y las horas que logré dormir fueron de descanso y sueño profundo. Al día siguiente, bajé al comedor a tomar el desayuno. El área del comedor era un lugar moderno y muy limpio. Presentaban un aspecto muy agradable. Habían puesto servilletas especiales, tazas, cubiertos y platos que combinaban los colores. La idea era tener un desayuno inglés. Sirvieron jugo de naranja, café con leche, pan integral, huevos, mermelada y agua. Como el vuelo a Estocolmo iba a salir en las horas de la noche y tenía que dejar el hotel antes de las 10:00 horas, había preguntado si podía dejar las maletas en el hotel y regresar a llevarlas en la tarde. Me prometieron poder hacer eso.

Pregunté donde podría dejar mis maletas. El recepcionista me dio indicaciones donde ponerlas. Sentirme libre de maletas para poder ir al centro de Londres era de mucho agrado. Después de dejar las maletas fui a la recepción y pregunté cómo podría ir a la estación del tren. Me dieron indicaciones y empecé a caminar. Yendo a la estación, vi en algún paradero el número del bus en el que había viajado y que me había dejado en un lugar equivocado. Eso me hizo pensar que, si eso hubiese ocurrido a la luz del día, como era en ese momento, no habría producido la intranquilidad que había sentido al estar perdido la noche anterior.

Llegué a la estación, pregunté por pasajes para ir al centro de Londres y le expliqué al expediente que solamente iba estar unas horas. Me sugirió comprar un ticket que podía usar durante el día en todos los medios de transporte de la ciudad y además me servía para ir al aeropuerto. El ticket era muy barato comparado con todo lo que lo podría usar.

No fluctué en comprarlo. Después de comprar el ticket, me dirigí a la plataforma de la estación y pregunté a un joven en qué plataforma debería esperar el tren que iría a Paddington, una de las estaciones de tren que hay cerca del parque central de la ciudad. Llegó el tren y me subí; fue muy rápido y en poco tiempo ya estábamos en la estación de destino.

Salí del tren. Empecé a caminar por la estación preguntando por la salida. Después de unos minutos ya me encontraba en la calle. Ahí pregunté qué bus podía tomar para ir al parque central. Me sugirieron el número 7, entre otros. Después me encontraba sentado en el segundo piso de un bus rojo que me dejaría cerca al Central Park de Londres. Al llegar el bus, se detuvo en el paradero, me bajé y me dirigí hacia el parque. Esperando en el andén para pasar la calle, podía leer los avisos determinantes que decían que había que mirar a la derecha o a la izquierda. La razón debe ser por los extranjeros que visitan la ciudad para alertarlos del movimiento del tráfico. Crucé la calle, caminé por el parque, pregunté donde era la esquina de los hablantes o comunicadores. Me dieron indicaciones, pero no podía ver el lugar. Algunas cosas habían cambiado desde la última vez que había estado ahí. Le pregunté nuevamente a un muchacho. Él me dijo que no era de Inglaterra, pero sabía dónde era. Me dijo que eran los domingos que normalmente usaban el lugar para hablar. Le pregunté de qué más hablaban, y me dijo que de varias cosas. Ese lugar es el más democrático del país y quizás del mundo porque, de lo que entiendo, ahí se pude hablar lo que se piensa.

Después me dirigí a un lugar de información turística para preguntar a dónde ir. Me sugirieron tomar un bus que va por la calle Oxford. Es una calle central y muy comercial. La ruta del bus pasaba por la catedral de San Pablo, Banks y otros lugares de importancia de la capital británica. Llegué al paradero final del bus y fui a un centro comercial. En un restaurante pedí algo para comer. Luego salí y tomé un bus de regreso al parque. Pero había mucho tráfico y el bus iba muy despacio. Decidí bajarme y caminar. Caminé hasta el Thames y cruce uno de los puentes. Desde ahí se podía ver la torre del Big Ben y el London Eye, entre otros lugares de interés que están a un lado y otro del río.

Caminé luego y pregunté por un bus que me llevara a Central Park. Ninguno me podía informar. Después pregunté en un quiosco y un hombre me explicó cómo ir al paradero del bus número 7. Ese bus pasaba por Paddington, donde debería tomar el tren de regreso al hotel para recoger mis maletas. Iba por unas calles angostas y el tráfico era muy pesado, demoró mucho tiempo en hacer un recorrido muy corto. Pregunté al conductor si la tarjeta me servía para viajar en el tubo (metro); me contestó afirmativamente, así que salí, pregunté por una parada del metro, fui a la más cercana y tomé el que primero pasó que me llevaría a la estación del ferrocarril.

Llegué y corrí para tomar el primer tren que pasaría por la estación cerca del hotel. El tren era uno de los que no paraban en muchas estaciones, así que llegué rápido al destino. Al llegar salí de la estación y caminé hacia el hotel. Antes de llegar allá, quería deshacerme de las monedas inglesas; por eso compré unas golosinas y un refresco. Llegué al hotel, pedí las maletas y fui a tomar un bus que me llevó de regreso a la estación, desde donde tomé otro para ir a Heathrow.

En el aeropuerto hice las gestiones del viaje; tenía tiempo para esperar antes de que saliera mi vuelo. Compré algo para comer y luego pasé los controles de emigración. Llegó el momento de abordar el avión con destino a Estocolmo. Tuve un viaje normal; al llegar a Arlanda no demoró casi nada la salida y la entrega de equipaje.

Había viajado pensando que mi hijo podría haber ido a llevarme a casa del aeropuerto; los tres habían ido, él con su esposa y mi esposa. Por causa de que no le había dado el número del vuelo, estaban en otro lugar del aeropuerto, yo no tenía celular y así no nos pudimos comunicar.

El bus con destino a casa llegó rápido y no demoró en salir del aeropuerto. Llegué a casa, saqué la llave, abrí la puerta y nadie estaba en el apartamento. Era casi media noche. El pensamiento fue que se habrían ido al aeropuerto; estaba, acabando de pensar eso cuando oí que alguien empezó abrir la puerta. Eran ellos. Me dio mucha alegría saber que, aunque no nos encontramos, habían ido a recibirme y traerme. Nos dimos abrazos de confraternidad y les agradecí por haber ido al aeropuerto. Mi hijo regresó al carro para ir con su esposa a casa. Me quedé contándole a mi esposa lo que pasó y no pasó en este último viaje intercontinental y transatlántico.

Al leer **Efesios 6:10-20**, puedo ver la fidelidad del Señor Jesucristo contestando mi oración apoyada por todos los que oraron por el viaje. Sigamos orando, como dice el versículo 18:

> orando en todo tiempo con toda oración y súplica en el Espíritu.

Haciendo esto seguiremos viendo éxitos maravillosos.

Colombia 2016

El 16 de junio salí en bus al aeropuerto de Estocolmo para tomar el avión con destino a Amsterdam. Mi puesto era a la orilla, el del centro y el de la ventanilla estaban ocupados por una pareja de habla hispana. Durante el vuelo hablamos poco. Ellos iban para el Perú. Al llegar al aeropuerto de Amsterdam teníamos que buscar la misma salida y entrada para llegar a la sala de espera para la continuación del viaje. El peruano tomó la iniciativa de guiar la búsqueda de la salida. Al final llegamos a la sala correcta. Ellos deberían esperar en la sala de salida que los conduciría al avión que salía para Perú y yo en la sala de espera del avión que me llevaría a Bogotá.

Al llegar cerca de la sala, nos despedimos y nos deseamos buen viaje. Los dos aviones de KLM salían con cinco minutos de diferencia y teníamos bastante tiempo para esperar. Me senté a descansar y vi que mis excompañeros de viaje se dirigieron a su respectiva sala de espera. Más tarde decidí caminar un poco por los pasillos de las salas. Visité un kiosco y compré una botella de agua; me pidieron la tarjeta de abordar el avión para obtener el descuento de impuestos.

Más tarde vi que los viajeros con destino a Perú también se paseaban por los corredores y salas. Regresé a la sala de espera y de repente vino el peruano. Nos pusimos a hablar de diferentes cosas. Más tarde vino la señora y seguimos la comunicación. Yo deseaba que saliera una conversación que diera lugar a que les hablara de la salvación en Jesucristo.

Entre lo que hablamos fue de algo relacionado con familia. Resultó que debía explicarles por qué estaba casado con una sueca. La conversación del casamiento nos llevó a empezar a hablar del evangelio.

La señora comentó que había cristianos que hablaban del cielo y del infierno. **Salió la historia del rico y Lázaro.** Creo que fue lo que el Espíritu Santo me hizo recordar para explicarles como el evangelio ilustra el cielo y el infierno. Leyendo la historia, quien sea puede tener claridad con facilidad de lo que es el cielo y el infierno. La señora tenía una actitud de aceptación de lo que enseña esta explicación. Lo que capté de todo esto fue que Dios contestó la oración que habíamos hecho con un amigo que también iba a viajar. Habíamos orado que pudiéramos hablar del evangelio a alguien en el viaje. Conmigo esta fue una buena oportunidad.

El tiempo se acercaba más y más para abordar el avión, así que llegó el momento de hacerlo. En el vuelo de Amsterdam a Bogotá mi puesto también era a la orilla. Como el viaje demoraría entre diez y once horas, me había preparado para escribir algunos versículos de la concordancia por temas.

Logré escribir parte de un tema; el resto del tiempo lo gasté descansando, viendo algún documental, algo de deportes y orando por diferentes cosas. Viendo la trayectoria del avión en la pantalla, supe que el vuelo en mar abierto es de más o menos siete horas. Esto fue porque el avión salió de Holanda, voló sobre el estrecho del Canal de la Mancha entre Francia e Inglaterra y luego pasó por el sur de Irlanda para más tarde sobrevolar el Atlántico.

A medida que volaba, iba desapareciendo Irlanda y más y más era solamente agua y nubes lo que se veía. A medida que pasaba el tiempo, el mar iba quedando atrás y aparecían a la distancia en el mapa las islas del Mar Caribe, República Dominicana, Puerto Rico y Jamaica, entre otras.

Después de unas dos horas, ya sobrevolaba la frontera colombo-venezolana. Mi compañero de silla estaba al lado derecho; antes de llegar, hablamos algunas cosas en inglés. Más tarde, me di cuenta de que él hablaba español. Cambiamos la conversación a español; él me dijo que mi español era bueno y le expliqué que trabajaba enseñándolo.

Después de haber aterrizado, el avión por alguna razón no podíamos bajar. Demoramos un tiempo. Mi compañero de viaje me dijo que estaba preocupado porque hacía meses que no había regresado a Colombia y no sabía si iba a tener dificultades por la visa. Le dije que si creía en Dios Él le iba ayudar y que a mí Jesucristo me había ayudado muchas veces.

Después de darle este corto mensaje, empezó a salir la gente. Yo tenía un poco de prisa porque estaba confiando que alguien me esperaba. Caminé por los corredores nuevos y modernos del aeropuerto, pasé la inmigración y luego pasé la aduana. Al salir del aeropuerto, mi hermano estaba allí esperándome; más tarde mi sobrina vino con su coche a llevarnos a casa de una de mis hermanas.

Oración insistente

Antes y durante el viaje mi oración insistente, entre otras cosas, era que hicieran un buen mantenimiento mecánico y electrónico a los aviones en los que iba a viajar. Al hacer el cambio de avión con destino a Bogotá, los pasajeros pasamos los controles, abordamos el avión y aparentemente todo estaba listo para empezar el despegue.

Pasó el tiempo de la hora de la salida del avión y no sucedía. Un poco después, anunciaron que el avión se demoraba porque estaban haciendo una revisión. Pasó el tiempo y no salía. Más tarde el piloto responsable del vuelo anunció que estaban haciendo una revisión mecánica de un motor. Empecé a orar más intensamente, pidiéndole al Señor que si no debían mandar ese avión, que no lo mandaran. No era fácil pensar que enviaran un avión para cruzar el Atlántico y cuyo motor no funcionaba bien.

Demoró más de una hora y una y otra vez anunciaban que seguían revisándolo. Seguí orando por la solución de Dios para el problema.

Los anuncios los hacían en holandés e inglés. Cuando pasó una azafata, le pregunté en español acerca del problema. Más tarde hicieron los anuncios en los tres idiomas, incluido el español. Por último, después de casi una hora y media de retraso, el piloto responsable anunció diciendo que los controles del mantenimiento de lo que habían estado revisando mostraban un resultado totalmente aceptable para realizar el vuelo.

Después de un poco más de una hora y media de retraso, empezó el despegue con destino al continente americano. El vuelo se realizó con toda normalidad; lo tomé como respuesta a todo el tiempo de oración en gratitud a Dios porque hicieran un mantenimiento honesto y eficaz de los aviones durante el viaje. **Lucas 18:1-8** nos muestra que Dios defiende al que clama a él día y noche.

El viaje trasatlántico

Los pasajeros inmediatos a mi puesto hablaban un idioma eslavo y él un poco de inglés, pero no eran muy comunicativos con otros, así que no intercambiamos mucha comunicación. Durante las más de nueve horas de viaje leí, oraba dando gracias a Dios por el buen despegue, por un buen viaje y por un buen aterrizaje. Como se sabe, el aeropuerto de Bogotá está en una altiplanicie rodeada de montañas y requiere todo el cuidado necesario para el despegue y aterrizaje de los aviones.

Oraba que hubiera buen tiempo, que no estuviera nublado y que hubiera buena comunicación entre el personal responsable del aterrizaje para que este fuera normal. El aterrizaje se realizó tan bien como el despegue y el vuelo sobre el Atlántico.

En el aeropuerto después de que el avión se estacionó y anunciaron que podíamos desabrocharnos los cinturones, los pasajeros de más al frente empezaron a salir del avión. Cuando llegó mi turno, bajé mi maleta de mano del compartimento y empecé a caminar hacia la salida.

Dios concede las peticiones del corazón cuando es según su voluntad.

Ama al Señor con ternura, y él cumplirá tus deseos más profundos (Salmos 37:4).

En inmigración y aduana

Mientras me dirigía a inmigración, una y otra vez daba gracias al Señor por el buen mantenimiento que hicieron del avión antes de partir, por el buen despegue y aterrizaje que tuvimos.

También daba gracias a Dios por lo que sucedería durante el resto del día. Nadie con seguridad me había prometido estar esperándome; mi hermana menor me había dicho que tenía una amiga que podría llevarme a casa en su carro desde el aeropuerto, pero no lo habíamos concretizado. La cola para pasar la inmigración era muy larga, pensé que la razón era porque se trataba de tiempo de vacaciones y mucha gente viaja en esos días.

Existen algunas máquinas para registrar el pasaporte y así poder pasar, pero la gente no sabía hacerlo y eso producía inseguridad. En Europa yo lo había hecho, pero con la ayuda de alguien. Cuando llegó mi turno de mostrar mi pasaporte, me dirigí a uno de los agentes, puso el sello de entrada y empecé a caminar a la sala de entrega de equipaje. Como había demorado mucho en inmigración, pensé que mi maleta debería estar en la sala. Miré y miré, pero no aparecía; me dirigí a uno de los trabajadores de la compañía en la que viajé para preguntar lo que había sucedido con mi maleta.

Me pidió que describiera la maleta. Lo hice. Él escribió la información y me dijo que debería ponerme en contacto con ellos más tarde. Escribí el nombre de él y el número del teléfono y me dirigí a la aduana para dejar la información y para que revisaran mi equipaje de mano. Pasé la aduana, pregunté en una casa de cambio si cambiaban coronas suecas y me dijeron que no.

Traslado del aeropuerto

Salí del aeropuerto y empecé a mirar a un lado y otro y no veía a nadie conocido. En otras ocasiones, casi siempre varios familiares estaban ahí esperándome. Por un momento, pensé que esta vez tendría que arreglar la salida del aeropuerto de otra forma.

De repente vi a alguien que conocía. Era mi hermana menor; verla me produjo un sentimiento agradable, pensando que no tendría que hacer algo diferente para encontrar posada. Llegar a una ciudad de alrededor de 10 millones de habitantes, no tener hospedaje reservado y saber que hay que tener cuidado con los taxis porque no todos tienen la responsabilidad que deben, entre otras cosas, hace más difícil la llegada a un aeropuerto.

Por causa de la demora en la inmigración y la aduana, la amiga de mi hermana tenía que haber dado vueltas para parquear y esperar. Pero era un descanso encontrar a alguien conocido y además tener transporte disponible y confiable. Mi hermano no fue porque hacía poco que había cumplido años y que había sido el Día del Padre en Colombia. Era domingo y tenía hijos que le celebraban estos dos acontecimientos ese día, ya que en los días de la semana estaban ocupados.

Mi hermana mayor, quien siempre está dispuesta a ir al aeropuerto cuando voy a Colombia, por la edad no le era posible. Anteriormente ella hacía lo que le fuera posible para no solamente solucionar lo del transporte, sino que ella misma iba al aeropuerto. Nos subimos al carro y continuamos el viaje a casa. Durante el viaje me pidieron que orara por algunas necesidades de la conductora. Llegamos a casa y pasamos un tiempo conversando e intercambiando experiencias. Estaba muy cansado, así que me acosté pronto. Los cambios de horarios y comida producen un malestar incomodo, pero después de unos días todo se normaliza después de orar.

"Yo haré cualquier cosa que en mi nombre
ustedes me pidan" **(Juan 14:14).**

Bolivia, 2018

Este viaje fue uno de los más exitosos que he tenido últimamente, experimentado el apoyo divino.

Llegó el día del viaje

Llegó el día de viajar a Bolivia. Como la maleta era pequeña, quienes iban al aeropuerto y yo pensábamos que podríamos ir en el bus. De repente llamó un familiar y en la conversación salió que viajaría al aeropuerto. Me preguntó la forma de transporte. Le expliqué y me dijo que él me podía llevar en su carro. Decidimos que sí.

Llegó el momento del viaje; algunos familiares fueron. Yo iba a regresar el 9 de julio a Colombia. Me preguntó acerca de quién me llevaría del aeropuerto al regreso; él estaba dispuesto a llevarme. Mi hermana menor se había responsabilizado de conseguirme transporte, así que le di gracias por la oferta y le dije que se pusieran de acuerdo sobre quién vendría al aeropuerto para llevarme el 9 de julio cuando regresara. Parqueó el carro, caminamos al área de controles internacionales, hicieron los controles de documentos y recibí las tarjetas de embarque de Bogotá a Lima y de Lima a Santa Cruz de la Sierra en Bolivia. Teníamos tiempo, así que les invité a una cafetería a tomar algo.

Después de unos minutos, llegó el tiempo que debería trasladarme a la sala de espera. Me acompañaron hasta antes de entrar en emigración y ahí nos despedimos. Ellos se quedaron y yo entré mostrando mis documentos y la tarjeta de abordar el avión. Caminé por los pasillos. Esta vez no viajaba a Europa. La sala de espera estaba en el primer piso; me dirigí allá y esperé hasta que llamaran para abordar el avión. Llamaron, hicieron los controles y salimos al área donde se encuentran los aviones.

El avión que abordaría se encontraba en otra área, así que tuvimos que ir en bus para abordarlo. Hacía mucho calor. Cuando llegamos cerca al avión, el bus se detuvo y nos bajamos. Yo seguía proclamado y dando gracias por un mantenimiento mecánico y electrónico satisfactorio del avión antes de mandarlo. Esperamos dentro del bus un buen tiempo y no nos permitían salir. Más tarde nos llevaron de regreso a la sala de espera y anunciaron que estaban haciendo el mantenimiento de algo del avión que no estaba en buen funcionamiento.

Nos retrasamos como una hora, antes de que decidieran afirmar que el avión estaba en un estado satisfactorio para enviarlo. La pregunta es: ¿Qué hubiera podido haber pasado si no hubiera orado por un mantenimiento satisfactorio del avión?

Abordamos el avión, tuvimos un despegue, un viaje y un aterrizaje con toda normalidad, como había orado. Aunque teníamos retraso durante el vuelo, disminuyó el tiempo del retraso. A mí no me afectaba el retraso porque tenía varias horas de espera en Lima para continuar el viaje a Bolivia.

Estando en el aeropuerto de Lima, no tenía dinero peruano y no había casas de cambios dentro del área del aeropuerto donde estaba. Eran varias horas que tenía que esperar. Había llegado a eso de las 19:00 h y el vuelo de conexión salía sobre las 22:30 h. Durante ese tiempo, vino a sentarse cerca de donde yo estaba una señora de bastante edad; la trajeron en silla de ruedas y la dejaron ahí. Empezamos a hablar; entre todo lo que hablamos le dije que no podía cambiar dinero ni para comprar una gaseosa. Me preguntó si quería que ella comprara una para mí, le di las gracias y le dije que no había necesidad.

Ella esperaba ahí para viajar a Estados Unidos. Era de nacionalidad peruana. Después de un rato me fui a otro lugar y el calor que hacía seguía igual. Hubo un momento en el que pensé que hubiera sido bueno haber aceptado el refresco. Llegó el momento de pasar los controles para abordar el avión. Me dirigí allá; entré al avión y el vuelo se realizó en tiempo. El avión no estaba lleno. Mi puesto era en el área de la salida de emergencia. Este viaje se realizó con normalidad y llegó en tiempo. Quienes confiamos en Dios somos felices (*cf.* **Salmos 84: 12**).

En Santa Cruz

Ya había estado en casi toda Suramérica, pero nunca en Bolivia. Al llegar, en los aeropuertos hay demora por la emigración y la aduana.

Yo sabía que alguien me esperaba. Cuando salí tuve un sentir agradable, viendo a alguien que conocía; estaba junto con alguien más que me esperaba.

Llegar a un aeropuerto de un país al cual se llega por primera vez y no saber cómo trasladarse al destino final no es fácil. Por eso cuando me acerqué a ellos les dije que era muy agradable llegar y encontrar a alguien que esté a uno esperándolo. Me ayudaron con las maletas. Viajamos y viajamos para ir a casa; por fin llegamos al centro de Santa Cruz de la Sierra.

El aeropuerto estaba un poco retirado de la ciudad. El conductor era quien sería mi anfitrión. Pero antes de ir a la casa donde viviría dejamos al otro compañero en el lugar donde vivía. Luego seguimos a casa de mi anfitrión. Al llegar, fue una sorpresa ver que el lugar donde viviría casi una semana era agradable. Era una habitación con baño privado y ducha. Un lugar donde pude pasar tiempos con Dios sin interrupción y descansar bien. Dormí ininterrumpidamente; el lunes, cuando me levanté, vi que los anfitriones se habían ido a trabajar. En casa estaban los tres hijos, una hija de diecinueve años, un chico y una niña más pequeña. La chica de diecinueve años me preguntó si quería desayuno. Acepté tomar café con leche y algo de pan. También estaba una hermana del jefe de la casa. Los jefes acostumbraban a venir a casa después de medio día. **Lucas 1:79** refleja que Dios guía y nos llena de paz y seguridad.

Cambiar dinero boliviano

No tenía dinero boliviano y necesitaba comprar algunas cosas. Cuando vino el jefe de familia a casa, me preguntó si quería que la hija y el hijo mayor me acompañaran para ir al centro a cambiar dinero. Creí que estaba bien, así que nos fuimos en bus al centro de Santa Cruz. Ellos me preguntaron si quería helado, pero yo pensé que debería ser yo quien les debería ofrecer helado.

Al llegar al centro, deberíamos bajarnos del bus. Para eso hay que decir "la puerta", y si no, el bus no para o no abre. Después de que nos bajamos, empezamos a buscar una casa de cambios, en unas daban menos pesos bolivianos que en otras. Por fin, encontramos una que tenía un cambio satisfactorio y cambié pesos colombianos por bolivianos.

Después de cambiar buscamos la heladería y ellos pidieron el helado que deseaban. Yo pagué y se pusieron contentos. Yo necesitaba comprar agua; la chica buscó un supermercado con el celular y encontró uno cerca de donde estábamos, así que nos dirigimos allá.

Compré agua con gas. Caminamos un poco más y empezamos a buscar el paradero del bus para regresar a casa. El número del bus era el 70 que iba hacia Tres pasos adelante. Este nombre tiene una historia especial. Hubo un momento que pregunté acerca de este nombre y en vez de decir Tres pasos al frente, lo que dije fue Tres pasos atrás. Regresamos a casa y los niños me invitaron a que fuera a un parque, pero yo quería descansar. Hacía bastante calor. Como muestra **Salmos 77:20,** Dios nos ayuda en tiempos de necesidad.

Reunión en la iglesia central

Tuvimos una reunión en la iglesia central. Uno de los pastores me pidió que orara. Le pregunté si podía orar en lenguas. Me dijo que sí. Era una reunión para todos los que íbamos a trabajar en los días de la campaña evangelística.

Oré en lenguas y en español, el Señor me guio a orar bien fuerte en contra de lo que se oponía. En otro momento uno de los lideres dijo que yo era callado, pero cuando oraba era como un león que ruge. Esto lo dijo haciendo sentir que era muy positivo orar así contra lo que se oponía.

Cuando terminó la reunión, al comunicarme con algunos, encontré que había mucha apertura, disponibilidad y deseo de servicio, solucionando las necesidades de otros. Hablando de instrumentos y alabanza con un hombre, le pregunté si alguien podría prestarme una guitarra. Pasar tiempos tocando y alabando al Señor con los conocimientos que tengo es algo que una y otra vez me llevaba a experimentar la presencia de Dios. No solamente entro en la presencia de Dios, sino que la presencia de Dios entra en mí de una forma especial. **Juan 4:23** dice:

> Dios es espíritu; y los que le adoran, en es-
> píritu y en verdad es necesario que le adoren.

No creí que fuera posible el préstamo de la guitarra, pero estaba equivocado. Un día en la semana, mi anfitrión vino a casa con una guitarra que me había enviado el hermano a quien le había preguntado, si podría prestarla. Me la envió con una cuerda nueva, ya que la de la guitarra estaba dañada. Fue una bendición haber llevado el afinador, así que la afiné y disfruté tocando y cantado al Señor en los momentos libres que tuve.

Me iba a desafiar a mí mismo

El martes les dije que me iba a desafiar a mí mismo yendo solo al centro. Fui cerca de una tienda que se llama Lourdes y esperé el bus ahí. Vino, me subí y empecé el viaje al centro. El jefe de la casa me había hecho un mapa, explicando varios lugares claves para que no me perdiera. Fui y me bajé cerca de la estación central de buses y empecé a buscar un teléfono para llamar a Colombia y avisar que había llegado bien.

En un almacén me prestaron uno y me dijeron que el teléfono marcaba, pero no me dijeron si era la cantidad de dinero o el tiempo. Pensé que era el tiempo lo que marcaba y que si demoraba de pronto me costaría mucho. Hablé corto y cuando terminé marcaba 2. Cuando pregunté cuánto costaba, vieron el teléfono y me dijeron que era dos pesos. Eso era muy barato, pero como a veces sucede, estando en un país diferente por la primera vez. uno desconoce varias cosas.

Más tarde fui al centro, compré agua, vi las casas coloniales y regresé a casa. No tuve problemas de pérdida. Mis guías, los hijos de mis anfitriones, habían estado preocupados pensando que yo me perdería. El padre les había dicho que yo estaba acostumbrado a estar en ciudades. Les había contado de mis viajes anteriores por más de 40 naciones en diferentes partes del mundo cuando viajaba evangelizando. **Deuteronomio 32:12** enseña cómo Dios guía excelentemente.

Enseñanza sobre el Espíritu Santo y sanidad

Tuvimos enseñanza sobre el Espíritu Santo y sanidad; la enseñanza fue dada por el evangelista. Según él, no sabía la razón por la que Dios no hace algunas sanidades; es decir, aunque se ore por sanidad y la persona no se sana. Sin embargo, él cree que Dios puede sanar toda enfermedad. Esto lo creo también. Un día ayunamos por la mañana, yo no sabía si íbamos a orar y ayunar todo el día, por eso pensé que tendría que terminar el ayuno con algo líquido. El ayuno era solamente por la mañana. Un pastor me invito a ir a su casa en la tarde. Estando ahí me ofrecieron algo sólido para comer y como el ayuno había sido solamente por la mañana acepté comer algo sólido.

Otros lugares de la ciudad

Un día el jefe de los pastores me invitó a visitar el trabajo que hacían en un barrio periférico de Santa Cruz. Trabajaban con niños pobres y gente marginada. Tenían dos iglesias en el área; después de haber visitado las iglesias almorzamos y más tarde me llevó a casa.

Un día de esa semana debíamos ir a orar en la iglesia. Me tomé el atrevimiento de ir solo. No me quedó fácil encontrar la iglesia. Pregunté y me mandaban de un lado a otro. Al final oré contra la confusión y que encontrara la iglesia a la que iba porque a alguien que pregunté me había enviado a una que no era.

Cuando terminé de orar, vi que alguien en un carro me estaba haciendo señas. Eran dos pastores que me estaban buscando. Ese día en la iglesia, entre otras cosas, oramos por el trabajo que se iba hacer. Dios nos guía por sus sendas de justicia todo el tiempo (*cf.* **Proverbios. 8:20-21**).

Llamar a Suecia

Esa semana un día, fui nuevamente al centro a llamar a Suecia y a comprar agua. Cuando llegué al parque central, vi que estaba un hombre con una Biblia grande hablando con una persona. Quise hablar con él del evangelismo, pero, no terminó pronto. Decidí ir a buscar el teléfono para llamar a casa en Suecia, pero estaba cerrado. Volví al parque y el hombre estaba hablando con otra persona. Me senté cerca esperando a que terminara, pero igual tomó tiempo. De repente, se fue a paso largo y yo fui detrás, pero no lo alcancé; pensé que de pronto no era necesario hablar con él, así que no seguí tratando de alcanzarlo.

Cuando hablé con el hombre de la guitarra, una señora me dio muchos folletos con información de las tardes de evangelismo en el parque urbano. Tenía bastantes folletos todavía. El hombre que evangelizaba me produjo ánimo y pensé que, si él podía solo evangelizar, ¿por qué yo no podía hablar con la gente de las reuniones evangelísticas en el parque urbano y darles los folletos? Me dirigí a la misma persona con la última con quien él habló. Era de Brasil; hablaba portugués. traté de hablarle en portugués, pero por no haberlo usado continuamente durante mucho tiempo, no me salían todas las palabras. Así que le pedí que habláramos español porque ella sabía español.

Después seguí hablando con otros hasta que casi terminé de repartir los folletos. En una galería hablé con unos muchachos jóvenes y les expliqué que habría música, entre otras cosas. Me preguntaron si iba a haber bebidas alcohólicas. Les dije que eran muy jóvenes y que estaban por empezar a vivir la vida para pensar en bebidas. Les pregunté: ¿Qué edad me daban a mí? Me dieron entre diez y quince años menos. Continué repartiendo los folletos, y luego fui a comprar agua.

Mi anfitrión había quedado de recogerme en su carro después de la una de la tarde. Pero antes de eso uno de los pastores me llamó preguntándome si iba a ir a almorzar con unos de los otros que habían ido de Suecia. Yo no sabía eso; él me explicó que habían hablado acerca del almuerzo y que él me llevaría al lugar donde estaban los otros.

Nos pusimos de acuerdo para que viniera y me llevara en su carro. Le dije que por favor llamara a mi anfitrión para explicarle los cambios y para que él no viniera a buscarme para llevarme en su carro perdiendo su tiempo.

Llegamos al lugar donde me esperaban. Un familiar de uno de los del grupo conducía un carro elegante. Fuimos a un supermercado nuevo. Era un centro comercial. Ahí nos reunimos varios de los que almorzaríamos; trajeron la carta y había bastante para elegir. Almorzamos, luego en el mismo carro en el que llegamos ahí me llevaron a casa. La conductora y mi anfitrión tenían que hablar por teléfono, explicando la forma de llegar a la casa. Llegando vi lugares conocidos y a lo último guie a la conductora por donde debía conducir. Dios nos conduce con sabiduría (*cf.* **Proverbios 4:11**).

Primer día de reunión de evangelismo

El viernes era el primer día de reunión de evangelismo. Por la tarde había que ir al parque; ahí terminé de repartir los folletos. Hubo un momento que tenía mucho sueño. Me acerqué a un quiosco y pregunté si vendían café, que yo mismo podría hacer. Me dijeron que sí, hirvieron el agua y me dieron una taza grande y el café. Hacía un poco de frío, así que el café se volvió más agradable.

Llevó bastante tiempo para instalar el sistema de sonido. Llegaron algunas personas, pero no eran muchas. Nos reunimos a orar. Uno de los pastores me pidió que orara. Oré con ahínco contra lo que obstaculizaba a la gente, no permitiéndoles que vinieran. Oré para que llegaran todos los que deberían venir. No demoró mucho tiempo cuando el grupo se hizo grande. Cantamos; el evangelista predicó, oró por salvación y sanidades. Después de la reunión con la familia con la que yo me hospedaba, fuimos a comprar pizza. Pero ya era muy tarde y estaban por cerrar. La familia compró pizza para comer en casa. Regresamos a casa, comimos y nos fuimos a descansar. Permanecíamos en unidad y gozo. **Filipenses 4:4 (RVR1960)** dice:

> Regocijaos en el Señor siempre. Otra vez digo: ¡Regocijaos!

Predicación del 8 de julio en Los Lotes

En Suecia me habían dicho que yo predicaría en una iglesia el domingo 8 de julio. No sabía exactamente en cuál iglesia sería que iba a predicar. Empecé a sentir una responsabilidad fuerte al saber que debería predicar. Por otro lado, sentía una alegría y ánimo interior, que creo era dado por el Señor. Empecé a orar y a pedir oración por eso. Tenía convicción de predicar acerca del Espíritu Santo. Cuando oraron en la iglesia, parte de la oración era relacionada con el tema, es decir, el Espíritu Santo.

Más tarde me informaron de que el evangelista iba a enseñar sobre el Espíritu Santo. Me preocupé un poco pensando que yo creía que debería predicar sobre el mismo tema. Tuve la convicción de que este tema es amplio y cuando comenté eso a un hermano, él me dijo lo mismo, que el tema es amplio. La iglesia en la que debería predicar fue cambiada. Después supe que en la iglesia en que prediqué había necesidad de recibir enseñanza acerca de este tema. La preocupación y a la vez el gozo y ánimo interior permanecían y eso hacía que yo me preparara bien para esa predicación.

Un hermano de la iglesia había dicho algo relacionado con la predicación y la santidad. Como yo lo interpreté es que la responsabilidad de predicar que uno siente ayuda también simultáneamente a santificarse. Eso es así. El hecho de saber que uno tiene que predicar le hace buscar la presencia de Dios y no solamente uno entra en la presencia de Dios, sino que la presencia de Dios entra en uno de una forma especial. Esto sucede cuando uno verdaderamente desea eso de todo corazón y busca esa conexión divina.

El pastor me había dicho que me buscaría el domingo a eso de las 8:30 de la mañana. Otro hermano de otra iglesia pensaba que el culto era más tarde y me dijo que él me llevaba a la iglesia que yo iba a predicar. Le dije que se pusieran de acuerdo en quién me llevaría y la hora para que yo estuviera listo. Al final debería ser el pastor quien me llevara porque el culto empezaba a las 9:00 de la mañana. Me levanté temprano para alistarme más con el mensaje y también para vestirme. El pastor vino a la hora indicada. Yo tenía la convicción de que el Espíritu Santo iba a manifestar su gloria en esa iglesia.

Antes de que empezara el culto pregunté a la responsable de la alabanza si sabían las palabras del coro de una alabanza que yo tenía escrita en una hoja de papel. Ella me dijo que sí, le pidió a quien trabajaba con el ordenador mostrando los coros en la pantalla que lo escribiera para mostrarlo. Yo había pensado usar esa parte del coro a lo último.

Empezó el culto y llegó el momento de la predicación. El Señor me hacía sentir seguro como un cerro. Empecé a exponer el mensaje leyendo pasajes de la Biblia. Como esta era nueva, quedaba un poco difícil abrirla. El hombre que trabajaba mostrando los textos en la pantalla sacaba los textos que yo mencionaba. Les dije que podíamos leer el texto en la pantalla; eso me ayudó mucho.

El evangelista había enseñado sobre el Espíritu Santo y lo que él hace sanando. Yo tenía la convicción de predicar acerca del Espíritu Santo y lo que sucede en la adoración. La convicción era llevar a la asistencia a la presencia de Dios y la presencia de Dios a la asistencia.

El señor en su misericordia me respaldó de tal forma que esto fue un hecho. La convicción al terminar la predicación era de hacer un llamado para salvación. Lo hice. Tres personas vinieron para hacer la oración de salvación. Luego era hacer el llamado para orar por sanidad. Varias personas vinieron y a lo último era que todos entráramos en la presencia de Dios y que la presencia de Dios entrara en todos de una forma especial en ese momento.

Había pensado empezar a cantar el coro que le había dicho a la hermana de la alabanza, pero hubo un momento en el que un hermano empezó a cantar una palabra de un coro que todos sabíamos. La convicción que tuve fue que yo debería empezar a cantar la misma palabra, apoyándolo. Lo hice; cuando empecé a cantar, la presencia del Espíritu Santo era especial. No puedo explicarlo con palabras, pero según los comentarios que se hicieron después, confirmaba que eso fue algo muy especial.

He predicado en otras oportunidades, pero de lo que recuerdo que haya experimentado algo parecido, fue una vez hace unos cuarenta años en una ciudad un poco cerca de Santa Cruz, en Resistencia Argentina, que está al otro lado de la frontera de Bolivia, en la zona del Chaco. Estas han sido las dos veces en las que el Señor ha visitado de una forma especial a su pueblo cuando yo he predicado. Fue algo parecido a lo que sucedió en 2 Crónicas 5 (hacia el final del capítulo) cuando dedicaban el templo.

Ahora mi convicción es que cada vez que predique debo hacerlo con la expectativa de que Dios se manifieste de una forma que los oyentes sean edificados. Si Él lo hace de la misma forma o parecida, considero que son momentos especiales de Dios para quienes los desean. El fruto de esto debe ser gozo, paz y ánimo espiritual en el creyente. Si no todos, muchos de los que experimentaron esta manifestación de Dios el 8 de julio de 2018, en la iglesia de Los Lotes en Santa Cruz, Bolivia, lo pueden testificar. Después del culto se notaba que Dios había ministrado la gente con el mensaje.

Almuerzo y regreso a casa

El pastor y su esposa me llevaron a un restaurante para almorzar. Luego fuimos a la casa de ellos y la esposa del pastor me preguntó si podía poner la predicación por Internet, si alguien había filmado. Le contesté que conmigo estaba bien. Aun no sé si fue posible o no.

Después de estar un tiempo en su casa, el pastor me llevo a la casa donde yo vivía. Cuando llegaron los anfitriones, me preguntaron si quería que saliéramos. Les dije que deseaba descansar porque los últimos días habían sido intensos. Aunque cansado, me sentía muy satisfecho por lo que el Señor había hecho en la iglesia por la predicación.

Me acosté y dormí un tiempo corto, pero profundo. Cuando me levanté me ofrecieron varias opciones para ir a ver. No era fácil elegir, pero al final eligieron una no muy específica, eso hizo que estuviéramos más relajados. Lo bueno en Suramérica es que todavía hay familias que hacen actividades con toda la familia. Ese día salimos todos, el matrimonio, los hijos y yo. Me llevaron por varios lugares, entre otros las partes ricas de la ciudad, lugares en los que no había estado.

Me mostraron mansiones que según ellos cuestan mucho dinero, vimos limosines y se notaba que eran sectores donde viven los ricos. Después fuimos a tomar un refresco especial hecho de frutas. Pensé pagar el mío, pero no me lo permitieron. Después fuimos a un centro comercial moderno, había gangas de camisas finas y me preguntaron si quería comprar una. Pero por causa de mucho equipaje no compré nada. Luego fuimos al parque central y compraron unos detalles para que yo llevara.

Antes fuimos a una cafetería donde venden merienda con productos exclusivos, ahí merendamos y luego regresamos a casa.

El jefe de los pastores llamó a mi anfitrión para que yo fuera a la despedida del grupo el lunes. Él le contestó que yo viajaba el lunes muy temprano; cuando oí eso pensé que era una lástima no poder estar volviendo a encontrarme con los hermanos pastores, entre otros que seguro iban estar y el grupo que había ido de Suecia.

Estando en casa quedamos con mi anfitrión de que saldríamos para el aeropuerto a las cuatro de la mañana. Me puse a alistar la maleta y a hacer aseo de la habitación. Luego traté de dormir, pero no mucho. Al día siguiente me desperté temprano y salimos a eso de las cuatro para el aeropuerto. Fueron el padre y el niño a llevarme. Me parecía que el viaje de casa al aeropuerto era más largo ese día que el viaje la madrugada que llegué.

> pero los que esperan a Jehová tendrán nuevas fuerzas, levantarán alas como las águilas; correrán y no se cansarán; caminarán, y no se fatigarán (**Isaías 40:31**).

De regreso a Bogotá

En el aeropuerto después de parquear el coche me ayudaron con la maleta. Nos dirigimos al mostrador para hacer el control de la maleta y la documentación. Me dijo el agente de la compañía de aviación que mi maleta pesaba más de 10 kilos, por eso no podía llevarla como equipaje de cabina. Le dije que en el primer viaje me habían permitido llevarla. No aceptó. Le dije que sacaría unos libros, que era lo que más pesaba, y me preguntó que dónde los iba a llevar. Yo tenía una bolsa de tela y le dije que los echaría ahí. Me dijo que todavía pesaba más.

Al final no me exigió sacar más cosas y me permitió llevar la maleta como equipaje de cabina. Después de que se formalizó el control, regresé a donde estaban el padre y el niño esperando. Caminamos hacia emigración y él me dijo que no me podían acompañar más porque de ahí en adelante ellos no podían seguir conmigo. Me despedí dándoles un abrazo a cada uno y a medida que me ocultaba les hice señas de despedida con la mano. Después de los controles migratorios, me dirigí a la sala de espera. Llegó el momento de abordar el avión y, aunque había estado haciendo borrascas fuertes de viento, salió el avión sin ningún problema.

Partió más o menos en la hora indicada. No sé si era porque pensaban que yo hablaba inglés que casi siempre me dieron asientos en las sillas de la salida de emergencia. En algunos vuelos no había más pasajeros en esa fila de sillas. Yo podía ver la pantalla de información del vuelo; era de ánimo, volando hacía los Andes, poder ver la altura de la elevación del avión. Más tarde, cuando ya había volado un tiempo, era interesante poder ver partes de la Gran Cordillera y parte del lago Titicaca. Este lago me traía recuerdos de los libros que había usado en la enseñanza de español y que tenían información del lago. A medida que el avión viajaba, iba desapareciendo Bolivia y apareciendo Perú. Dios nos guía en el camino que estemos (*cf.* **Salmos 139:24**).

De regreso a Lima

Al llegar a Perú, cerca al aeropuerto, hay también montañas. Ese día había bastante neblina, pero igual que en otras ocasiones. oré que tuviéramos un buen aterrizaje. El avión aterrizó normalmente. Pasé los controles y me dirigí a la sala de espera. Seguía dando gracias a Dios porque hicieran un buen mantenimiento mecánico y electrónico del avión que viajaría a Bogotá.

Un poco después de haber esperado, anunciaron que el avión se demoraría más de una hora porque el que iban a enviar tenía problemas y tenían que hacer arreglos. La demora consistía también en que teníamos que esperar un avión que venía de Arequipa, que llegaría más tarde y que sería enviado a Bogotá. Llegó el avión y, antes de salir, por causa de la niebla y las cordilleras, oré nuevamente; esta vez era para que tuviéramos un buen despegue y un buen viaje.

Llegó el momento de empezar el despegue, pero antes me preguntaron si podían cambiar mi asiento. Acepté y cuando llegué me habían dado nuevamente un asiento en la fila de la salida de emergencia, una azafata vino para darme instrucciones de que debería hacer en caso de emergencia y que debería leer la información. La información decía que en esas sillas solamente deberían sentarse personas que hablaran inglés y español, que no tuvieran impedimentos físicos, que no fueran ancianos, ni tampoco niños.

Mientras el avión ascendía, yo miraba la pantalla que mostraba el control de ascenso, se elevaba más y más hasta que alcanzó la elevación necesaria sobre Los Andes. De esa forma también tuvimos un buen despegue. En medio de la Amazonía, se presentaron algunos sacudones por pequeñas tormentas, aparte de eso el vuelo se realizó con normalidad, esta vez en la misma fila estaba sentado un hombre con una cámara y una y otra vez filmaba, al llegar hablamos un poco, me dijo que iba con destino a Europa, él era de Argentina. En Bogotá también se realizó un buen aterrizaje. **Génesis 50:20** muestra que Dios nos manda que no tengamos miedo y nos encamina en el bien por amor a otros.

De nuevo en Bogotá

Al llegar a Bogotá también el control de inmigración tenía unas filas largas. No sabía si alguien me esperaba o no. Después de un tiempo, pasé el control de inmigración y de aduana, salí miré para un lado y otro donde acostumbran esperar los familiares o amigos a los pasajeros que están llegando y no veía a nadie conocido.

Un poco después vi a un sobrino. Venía caminado hacia donde yo estaba. Le pregunté si estaba solo y me contestó que sí. Como anteriormente, había tenido que esperarme bastante tiempo porque el avión había llegado una media hora tarde, aunque en Lima el retraso era de más de una hora. De todas formas, ganó tiempo en el aire, pero no para mi sobrino, que tuvo que esperarme.

También la demora fue por causa de las largas filas en la inmigración. Le agradecí por haber venido a buscarme con su carro. Hablamos de algunas cosas, entre otras del viaje. Me preguntó cómo había sido el tiempo en Bolivia, y le dije que la gente era abierta y comunicativa, que por ellos volvería a ese país. Llegamos a casa, bajé las maletas y le pregunté si quería entrar. Me dijo que no, pero que regresaría. Lo esperé, pero por alguna razón no pudo venir. En cualquier situación Dios nos da la paz (*cf.* **Lucas 1:79).**

En Bogotá con familiares

En Bogotá, nuevamente estando en casa, me sentía cansado del viaje, así que me acosté pronto. Debía estar hasta el 15 de julio en Bogotá. Entre otras actividades, oramos con algunos en la familia. Algunos familiares deseaban visitarme y se hizo una reunión familiar; algunos que vivían cerca vinieron. Tuve la convicción de compartir algunas alabanzas conocidas y otros coros de proclamación que solamente los toco y los canto con la guitarra en tiempos devocionales.

Les dije que Jesucristo es el camino, la verdad y la vida, según Juan 14:6, en el Nuevo Testamento. Les dije que pusieran toda su confianza en Jesucristo, que Él nunca nos iba a engañar, que en más de cuarenta años que he estado confiando en Él, lo que he recibido es un gran sinnúmero de bendiciones; en todo tiempo, en todas partes y donde quiera que esté.

Al final alguien me dijo que tocaba bien la guitarra, y que él tocaba el teclado. Otros relacionado con la familia querían verse conmigo, pero por tiempo, entre otras cosas, no pudimos. Otros familiares con quienes no nos habíamos visto también deseaban encontrase conmigo. Planeamos encontrarnos con algunos de ellos y logramos comer y compartir la vida familiar juntos. Alguien me preguntó, ¿qué tenía yo que todos, familiares y conocidos, querían verse conmigo? Le contesté que debería ser la gracia del Señor y creo que es porque no sé de algo más.

Un familiar nos preguntó si queríamos desayunar juntos el domingo 15, pero que nos confirmaría. Ese día me levanté temprano y alisté las maletas pensando si debería ir a desayunar junto con los otros familiares. Tenía que estar listo para el viaje de regreso a Europa, que debería empezar en las horas de la tarde. Un poco después de que terminé de alistar las maletas, alguien llamó preguntándome si deberíamos desayunar en la casa o en un restaurante. Pensé que era más práctico desayunar en el restaurante. Me dijo que estuviera listo con las maletas, que pasarían a llevarme junto con otros familiares. Se había planeado que después del desayuno me llevarían al aeropuerto. Llegaron, fuimos al restaurante. Éramos varios familiares; comimos un desayuno especial, era muy variado y original colombiano.

Ese día era el final de la Copa Mundial de fútbol en Rusia. Todos deseaban ver el final. Un sobrino me llevó en su carro. Fuimos a su apartamento y ahí vimos el final, Francia obtuvo el oro; después pasó el tiempo y la hora de salida al aeropuerto se acercaba. Estaban ocupados hablando y yo pensando en el viaje.

Se decidió que los que íbamos a ir al aeropuerto fuéramos en el carro de mi sobrino. Nos llevaron, se decidió que el carro no esperaría porque tendría que pagar parqueo. Como antes, caminamos por el pasillo del aeropuerto hasta la sección donde entregan las tarjetas de abordar y hacen los controles. Recibieron la maleta que envié en la bodega y me dieron la tarjeta de abordar. Esta vez era un vuelo internacional a Europa, así que las salas de espera serían modernas y cómodas.

Tenía tiempo de estar un poco más con los familiares que fueron a despedirme, tomamos refrescos y hablamos un poco más. Llegó el momento de la despedida; lo hicimos con abrazos y algunos con lágrimas. Antes de que me ocultaran las paredes de la sala de emigración, les hice señas con la mano despidiéndome.

Regreso a Suecia

El viaje de regreso a Suecia continuaba. Pasé los controles de documentación. Me dirigí a la sala de espera; llegó el momento de abordar el avión que haría una escala en Cartagena. Entré y me ubiqué en mi respectivo puesto; esta vez no tenía que estar en la fila de la salida de emergencia. Eran tres sillas unidas a un lado. Me senté yo, al otro lado estaba un hombre joven y en el asiento del centro se sentó una señora.

El avión despegó y se dirigió hacia la costa atlántica. En mis pensamientos estaba el viaje largo de más o menos diez horas que una y otra vez he hecho. Durante el vuelo a Cartagena estuvimos silenciosos. Hubo un momento que la señora me preguntó si en Cartagena se iba a quedar mucha gente. En otra ocasión que viajé y el avión hizo escala en Cali, mi experiencia fue que en Cali se bajó bastante gente, pero también se subió mucha. Le informé de mi experiencia anterior. Ella me dijo que era la primera vez que viajaba a un país que ella no sabía el idioma y que tampoco hablaba inglés.

Algunas azafatas hablan español, pero cuando venía alguien a comunicarse con ella en inglés, yo le traducía a español. En Cartagena el avión demoró como una hora y sucedió como en Cali; antes de continuar el viaje a Europa, se llenó. El vuelo desde la costa de Colombia hasta las islas del Caribe demora una hora y media o dos horas. Luego después de que los aviones han sobrevolado la isla de la República Dominicana, empieza el trayecto marítimo y el viaje es de más o menos siete horas. y regularmente, pasan cerca o sobre las islas Azores.

Durante el viaje, la gente dormía y el avión se sacudía un poco cuando se encontraba con tormentas. Al despertar, daban toallas húmedas antes del desayuno. Seguimos el trayecto hasta el aeropuerto de destino. Había prometido ayudarle a mi compañera de viaje con la comunicación si era necesario. Ella había hablado con otra señora que estaba en las mismas condiciones con relación a la comunicación. Después que el avión aterrizó y se detuvo, nos dieron orden de salida, y la señora me dijo que buscaría a la otra señora para que también le ayudara con la comunicación.

Al salir, un poco antes de llegar a los controles, estaba un auxiliar de vuelo dando información orientadora en inglés. Le escuché y le hice las preguntas necesarias para ayudar a las señoras. Él indicó hacía dónde deberíamos dirigirnos para llegar a la sala de control de documentos. Las dos señoras iban para otro país, pero para una de ellas su vuelo era más temprano que para la otra. Cuando llegamos cerca de los controles de pasaporte, alguien daba información diciendo que si alguien tenía su vuelo muy pronto podía pasar primero que otros. Pregunté por el caso de la señora que tenía el vuelo más temprano, pero todavía tenía tiempo suficiente.

Yo tenía que pasar por un control y ellas por otro; así que les dije que si seguían necesitando ayuda nos encontraríamos después de haber pasado los controles. Pasé primero, y luego, después de un tiempo, llegaron ellas. El aeropuerto es grande y con muchas salidas y entradas. Les dije que primero ayudaríamos buscando la sala del vuelo de la señora que tenía que viajar más temprano. Les pedí los boletos de abordar el avión para saber el destino y la hora; cuando supe, pregunté por las salas, y me enviaron a un lugar equivocado, pero en el camino había alguien que daba información formal. Le pregunté y esa persona me dio información correcta; seguimos hacia esa sala y camino allí me encontré con otro agente que daba información. Me indicó y llegamos a la sala correcta y en tiempo.

Después seguí con la otra señora y le ayudé preguntando, llegué al mismo agente y él me dijo que ya me había dado la información. Le contesté que era otro caso. Me indicó cómo llegar a esa sala y lo logramos. Yo tenía bastante tiempo para seguir mi viaje. Parte de la información estaba en los tableros electrónicos de anuncios, pero no estaba la sala. Como tenía mucho tiempo, fui a comprar algo para comer y después me puse a buscar la sala de espera para mi salida. Como no la encontraba, aunque volví a ver el mismo agente de información que me orientó las dos veces anteriores, no le pregunté a él, porque así sería una tercera vez.

Fui a donde daban información a personas que esperaban a alguien. Cuando vino alguien que daba la información le pregunté por mi vuelo. Me dijo que mirara los anuncios. Le dije que parte de la información estaba ahí, pero no el número de la sala. Él buscó la información en su teléfono y la encontró. Me dirigí a esa sala para esperar la salida. El avión que enviarían era uno que venía de Austria, pero estaba retardado. Oré para que saliéramos lo más pronto posible y aunque se demoró un poco, ganó tiempo en el vuelo; no llegamos con mucho retraso.

Después de salir del aeropuerto de Estocolmo, fui en el bus, que es muy cómodo y eficiente, envié un SMS avisando que ya había llegado. No llamé porque tenía poca pila. Llegué a casa y compartí algunas experiencias con mi esposa, contesté preguntas, cené algo y me acosté a descansar.

Lo más sobresaliente de este viaje fue poder predicar, no una predicación habitual, sino especial, que consistió en llevar a la asistencia a la presencia de Dios y la presencia de Dios a la asistencia. Esto me lleva a pensar y trabajar para que la próxima vez que Dios me dé la oportunidad de predicar sea igual o mejor, para que todos los que asistan y los que no estén seguros de su salvación reciban la convicción y la necesidad de ser salvos como lo hicieron las tres personas el día que prediqué en Los Lotes. Esto también para que la presencia de Dios sea manifestada de una manera especial. como sucedió en **2 Crónicas 5: 13-14 y Hechos 2:4,** y para que también sean sanados.

Evangelismo en Austria

Todo esto y mucho más son fantásticas experiencias vividas con Dios durante más de 40 años. Las experiencias son de cosas prácticas del diario vivir. Sobre salud, momentos decisivos, trabajo, estudios y economía, entre otros.

Viajé a Viena para estar en el tiempo de evangelización que Awakening Europe realizó en el mes de junio del 2019. Viajé pasando por Dinamarca, Alemania, Chekien y Eslovaquia. En Copenhague tuve la oportunidad de hablar con un danés sobre algunas experiencias, dc mi vida con el Señor Jesucristo. Fue mi primera experiencia de testificar del evangelio en este nuevo viaje de misión. De Dinamarca viajé en bus y barco hasta Alemania.

Antes de llegar a Berlín vino una tempestad de agua en masa, truenos y relámpagos muy intensa. No recuerdo que haya experimentado otra igual o parecida. Tan intensa era que las autoridades tuvieron que enviar un vehículo para guiar la velocidad y la visibilidad del bus en el que yo viajaba. El vehículo iba bastante despacio por un tiempo. Yo oraba por protección de Dios; poco a poco fue pasando la tormenta y la protección de Dios fue notable.

Salimos de la tormenta sin que nadie, ni el bus, sufriera ningún daño. De Berlín salí con destino a Viena pasando por Praga. Entre Praga y Viena el bus viajó por una carretera muy angosta con lomas y curvas y un tráfico de autopista. Había muchos camiones de carga pesada; eso se volvió otro desafío. También oré bastante por protección y el Señor Jesucristo nos protegió. La razón por la que el bus fue por esa carretera no la sé. Regresando de Viena a Praga, viajé por una autopista. Pensé que no pudieron haber hecho una autopista en menos de una semana; por lo tanto, el viaje por la carretera angosta debió de ser por alguna causa importante que impedía viajar por la autopista.

Al llegar a Viena, tenía que encontrar el lugar donde me hospedaría, pero primero tenía que solucionar cómo transportarme en la ciudad. Fui a la oficina de turismo para pedir la información. Algunos eran más amables que otros. Al fin me dieron información sobre dónde podría conseguir información escrita sobre cómo transportarse en Viena. Compré un billete que me daba derecho a viajar en todos los medios de transporte de la ciudad hasta después de que me fuera de Viena.

Después, el desafío era encontrar el hospedaje. Preguntando y marcando en el mapa, pregunté cómo llegar al lugar. Un hombre me dijo que lo siguiera, que él me indicaría. Él viajaba en el mismo metro, por lo que cuando llegamos a la estación en que yo debía bajarme, él me dio la información. Mientras viajábamos, le compartí un poco de la razón por la que yo estaba en Viena. Lo invité a las conferencias y me dijo que el viernes podría ser un día que podría ir. Por causa de que éramos miles de personas en las reuniones, no era fácil saber quiénes fueron.

Preguntando a una y otra persona, llegué al lugar del hospedaje. El inglés ha sido el idioma que me ha ayudado en muchas situaciones de comunicación, en muchos lugares y en diferentes tiempos. Viena fue uno de esos lugares, ya que en alemán solamente sé algunas palabras.

Después de descansar, tenía que encontrar el lugar de la conferencia. Salí al paradero y pensé que, si le preguntaba a un joven, era posible que él hablara inglés. Le hablé a un muchacho y podíamos comunicarnos bien, pero él no quería ayudar. Cerca estaba una señora de cierta edad que entendía y podía comunicarse en inglés. Ella me dijo que podía indicarme cómo llegar al lugar que deseaba ir. Me pidió subir al mismo tranvía en el que ella iba a viajar. Pasamos varias paradas y cuando llegamos a aquella en la que debía bajarme ella me lo indicó. Mientras viajábamos, también tuve oportunidad de invitarla a la conferencia. El lugar era un punto céntrico e importante; de ahí salían y llegaban varios medios de transporte de la ciudad para diferentes puntos. Después lo marqué en el mapa como punto de referencia para ir a diferentes lugares. Después de ir allá, tomé el tranvía correcto y encontré el lugar sin dificultades.

Luego tenía que buscar el lugar donde me hospedaría la última noche antes de regresar a Suecia. Alguien me ayudó y ya tenía solucionado lo del hospedaje para esa noche también. Estuve en varias reuniones de la conferencia. Una de las cosas más sobresalientes del evento fue el tiempo de evangelización. Evangelizar era mi mayor propósito de ir a Viena. Salimos a las calles dos veces. En la primera, junto con alguien más del grupo, hablamos de Jesucristo con personas de Japón, España y varios países del mundo. Al terminar hablé con un hombre de Italia que entendía español. Al final, le pregunté si quería que orara por él. Aceptó y quedó muy agradecido. Para expresar su agradecimiento me dio un abrazo.

El mensaje de salvación quedó sembrado en estas personas. Otros recogerán y el Señor dará el crecimiento (*cf.* **Juan 4:36-37**). Unos sembramos otros recogen. La última vez me encontré en el grupo con dos hombres que hablaban español. Fuimos los tres a dar el mensaje, esta vez hablamos con personas de Cuba y de otros países. También el mensaje de salvación quedó sembrado. El responsable del evento, cuando vino a Suecia de visita, dijo que en Viena habíamos salido a evangelizar entre 7000 y 8000 personas al mismo tiempo durante los dos días. Toda esta gente éramos de muchos países del mundo que estábamos ahí con el propósito de comunicar las buenas nuevas de salvación a los habitantes de esa ciudad.

Fue de mucho ánimo poder testificar de lo que el Señor Jesucristo hace en la vida de uno mismo. Gran parte del ánimo es ser consciente de que no está solo, sino que son miles de personas haciendo lo mismo.

Sembrar semillas del evangelio junto con miles de otras personas durante los días de Awakening Europe en Viena fue una experiencia que no es fácil de describir de lo animante que es.

Personalmente fui bendecido con abundante gozo del cielo por medio de ese evento. Todo esto me produce valor y deseo de no perderme ningún evento en el futuro, esto mientras me sea posible. Un abrazo en el amor de Jesucristo a todos y cada uno de quienes lean este testimonio.

Al terminar la evangelización, empecé a prepararme para el regreso a Suecia. Me quedaba más de un día para viajar en Viena con la tarjeta. Le pregunté a un agente de la compañía si podía dar la tarjeta a alguien y me dijo que cualquier persona podía usarla. En la estación estaba alguien con una maleta grande. Luego vino otra persona que vivía en Viena. Esa persona quería la tarjeta. Al dársela le expliqué por qué estaba yo en Viena, así que una vez más sembré el mensaje antes del viaje.

Pasé por Praga al llegar a Berlín. Tenía como tres horas de espera para seguir con destino a Copenhague. Pregunté si tenía tiempo suficiente para visitar el famoso e histórico muro de Berlín, pero era un poco retirado y no alcanzaba. Me encontraba en la parte oeste de la ciudad. Llegué en barco a Dinamarca y luego continué el viaje en tren a Suecia. En la conferencia europea de la iglesia en Uppsala tuve la oportunidad de interpretar de inglés a español el mensaje que trajo el responsable de la evangelización en Viena. En esta ocasión, fue cuando mencionó los miles de personas que estuvimos evangelizando en Viena.

CAPÍTULO 4:
PEQUEÑOS PENSAMIENTOS SOBRE RESPUESTAS A LA ORACIÓN

Cuando se recibe respuesta a la oración, deja un sentimiento de satisfacción tan agradable que uno puede espontáneamente empezar a dar gracias al Señor por la solución obtenida.

Los libros de las respuestas

El primero de octubre del 2014 recibí respuesta de oración, al haber obtenido los libros de las respuestas a las preguntas que tenían el material con el que trabajaba. Los había estado necesitando urgentemente para realizar con efectividad el trabajo de la enseñanza.

Junto con alguien en la familia, y también separadamente, habíamos estado clamando al Señor para que llegaran esos libros. Cuando los recibí, la angustia que producía el no saber cuándo iban a llegar se convirtió en un descanso inexplicable. Como dice **Juan 14:13**, "todo lo que ustedes pidan en mi nombre, yo lo haré".

Aguacero cerca al colegio

A mediados de septiembre del 2015 fui al trabajo; de Falun a Rättvik viajé en bus. Al llegar a la estación en Rättvik, para estar seguro, pregunté si no iba al paradero del colegio. El conductor me contestó que no, pero el Señor tuvo compasión de mí produciendo un cambio. El conductor me dijo que me llevaría.

Al llegar al colegio, empezó un torrente de agua muy fuerte. Si no me hubiera llevado, tendría que haber caminado unos 20 minutos y caminar bajo un aguacero, por lo que me habría mojado aun mucho más.

Estaba como a más de 200 kilómetros de la casa y, para poderme cambiar la ropa mojada, habría tenido que pedirla prestada. También los documentos didácticos que llevaba en el maletín se habrían desleído. Como el paradero estaba cerca al colegio, la mojada sucedió en un nivel muy mínimo. El Señor está pendiente de los detalles cuando dependemos de él, orando también por las pequeñas cosas. **Filipenses 4:6** dice:

> No se aflijan por nada sino preséntenselo todo delante de Dios […].

Orar por llamados

En los meses de agosto y septiembre de 2015 empecé a orar para que Dios llamara a los cristianos de habla árabe para que trabajaran con los refugiados. Ellos hablan el mismo idioma, conocen la cultura y sería más fácil todo.

Oré que no solamente se les diera cosas materiales necesarias, sino también lo espiritual y eterno, que Dios llamara evangelistas y maestros de habla árabe para trabajar entre los refugiados. En la oración pedí que desease leer en el periódico respuesta a esta oración.

Después, en uno de los periódicos vino un artículo sobre lo mismo que dice así: "Pastores y lideres se reúnen para fortalecer el trabajo […] Necesitamos trabajar juntos […] para ayudar social y espiritualmente. La necesidad de enseñanza cristiana es grande entre los cristianos de habla árabe. Los refugiados que vienen a Europa necesitan mucho más que comida y alojamiento. Nosotros, que tenemos la cultura y el idioma, debemos mostrarles lo que buscan al llegar a un nuevo país. Para que realmente se sientan realizados y felices necesitan una relación viva con Jesús".

La respuesta a mi oración llegó como lo pedí. Como enseña **Lucas 10:2-4,** necesitamos orar que Dios envíe obreros a los diferentes campos para alcanzar a los necesitados.

Experimentamos el cambio después de orar

A principios de octubre del 2016, estuve atacado con resfriado. Era tan fuerte que hasta se me quitó el deseo de comer. Oré que el Señor Jesucristo me sanara para que pudiera ir a trabajar y de esa forma no disminuyera mi sueldo por el descuento que hacen por enfermedad.

El día que tenía que viajar me sentí con fuerzas de hacerlo. El día de trabajo lo pude realizar normalmente. Al regresar a casa por la presión del trabajo y la intensidad del día, me encontraba cansado y estaba siendo atacado físicamente en otras formas. Mi esposa también estaba atacada físicamente. Tuve la convicción de que necesitábamos orar contra ataques de enfermedad en el apartamento. Oramos resistiendo lo que nos atacaba, lo hicimos muy intensamente y en proclamación, en el nombre de Jesucristo.

El ambiente empezó a cambiar. Pude volver a trabajar al día siguiente y la atmósfera en general era agradable y de victoria. Más tarde mi esposa se preguntaba por qué habíamos demorado para orar de esta forma. Ella también había experimentado el cambio que el Señor Jesucristo produjo por la forma intensa que oramos. **Salmo 130:2** dice:

"Atiendan tus oídos mi grito suplicante".

CAPÍTULO 5:
ALABANZA Y ADORACIÓN AL SEÑOR

Canto con grupos

La razón principal de cantar es para alabar al Señor, cantando para Él y, en segundo lugar, para traer alegría al público. Mi mayor deseo y propósito es que el Señor manifieste su gracia sobre quienes oigan cuando cante. **Salmo 42:8** (RVR1960) dice: "su cántico estará conmigo". Y en **Salmos 109: 30** (RVR1960): "alabaré en gran manera con mi boca".

La alabanza

El 14 de febrero del 2014, fui con el grupo a cantar a Gotsunda. Alguien en el grupo preguntó si alguien quería cantar en español una estrofa de "Cuán grande es Él". Levanté la mano y me pidió que cantara. Otra persona señaló mostrando el deseo de cantar también. Le dije que viniera y que cantábamos juntos. Él no vino, así que tuve que empezar a cantar solo. Antes hice una pequeña introducción de la canción; casi al final, el mismo cantante vino para acompañarme con otra voz, formando un dúo.

El Señor manifestó esta vez su gracia, haciendo que se sintiera la unción. Eso, a su vez, causó que algunos de los oyentes vinieran con comentarios muy positivos; la hermana responsable de hacer los contactos me dijo que no sería la última vez que cantara. Le contesté que era la gracia del Señor y me dijo que había que usar el don; le dije que sí.

Otra hermana que ha sido profesora de música vino también con comentarios positivos. El que toca el acordeón me dijo que cantantes como yo era lo que él necesitaba, que tenía una voz muy buena. Me invitó a ir y cantar la próxima vez que él fuera a tocar el acordeón en el mismo lugar.

La hermana responsable de los programas, que también es cantante, me dijo que había sido muy bueno y me agradeció por haber cantado. Le dije que era la gracia del Señor y que la canción en sí misma tenía unción. Me dijo que volviera todos los viernes o cuando me fuera posible. Antes de ir a cantar, oramos con mi esposa por la reunión. Oré específicamente que el Señor me diera gracia y unción y que se manifestara la gracia y la convicción de Dios en lo que cantara.

El Señor Jesucristo dio respuesta a la oración. El viernes 21 regresé invitado por el acordeonista para cantar nuevamente. Esta vez canté tres estrofas de "Cuán grande es Él"; antes de salir de la casa oré por gracia y unción y que el Señor manifestara eso al público.

Leí en el **Salmo 43:4.** Dice que le alabaré "con el arpa". Esta vez lo hice con el arpa de mi corazón y lo mismo en cuanto canté en el grupo. Proclamé que el Señor manifestara su presencia mientras cantaban, Dios lo hizo. La respuesta del público fue muy animante. Un hermano puso en Facebook una parte de una de las estrofas que canté y los comentarios fueron muy positivos. "Alabaré al Señor con todo el corazón" **(Salmos 111:1**, RVR1960**).**

En la casa de huéspedes

El 26 de diciembre una de las anfitrionas de la casa debía ser responsable del tiempo de la reunión de grupo. Entre otras actividades, allí se leía, cantaba y contaban historias. Ella preguntó a otros si podían colaborarle, pero nadie se ofreció a hacerlo. Lo más posible era porque nadie se sintiera preparado para ayudar. Me preguntaron si a mí se me ocurriría algo.

Había estado en un curso de canto y entre otros ensayos había ensayado cantar solo a capella "Noche de paz". Cuando lo hice el profesor de canto y otra estudiante se pusieron de pie para aplaudir y entre otras cosas el profesor dijo que él estaba orgulloso de tenerme como alumno de canto.

Eso me produjo mucha seguridad para seguir cantando alabanzas al Señor con más confianza delante de otros. Así que cuando la anfitriona me preguntó si podría colaborar le contesté que podría cantar "Noche de paz" a capella, porque con acompañamiento tendría que ensayar bastante y tampoco había alguien que tocara el piano o algún instrumento. Estuvo de acuerdo. Mi esposa no podría ayudarme porque había estado atacada con tos y resfriado.

El 25 por la tarde deberían tener un programa con canciones de Navidad, pero la persona que debería ser responsable de las canciones y la música se enfermó y no podía venir. Volvieron a preguntarme si yo podría cantar también el 25; la respuesta fue parecida a la anterior. Estuvieron de acuerdo, así que canté y la persona responsable me dijo que hiciera el programa como yo quisiera.

Así que oramos por eso. Le pedí a alguien que leyera Gálatas 4:4-7. Estos versículos nos confirman que somos hijos de Dios por el sacrificio de Jesucristo. Los versículos me los había dado el Señor en esos días en un tiempo devocional.

Ya los habíamos leído en familia y pensé que eran versículos para compartir en esos días. Llegó el momento del programa. Alguien dio una corta introducción. Canté una estrofa del himno: "¡Cuán grande es Él!". Alguien leyó los versículos y luego canté "Noche de Paz". Al terminar, la gente no quería irse porque había un ambiente de paz muy agradable.

Los comentarios, entre otros, fueron gratitud de parte de la asistencia. Me preguntaron si yo cantaba opera. Eso era una manifestación de que les había agradado. Esto fue causado por el Espíritu Santo en respuesta a la oración. Alguien había comentado que yo debía haber cantado más estrofas del himno "¡Cuán grande es él!".

El 26 fue parecido el pequeño programa con algunos pocos cambios y con comentarios parecidos a la primera vez. Tendríamos que salir para Uppsala justo después de haber almorzado. A la hora del almuerzo llegaba más gente del pueblo a comer en la casa de huéspedes. Mientras esperábamos que sirvieran el almuerzo, corrieron los comentarios del himno "Noche de paz", y alguien dijo que cantara otra vez. Les pregunté si realmente querían oírlo.

Si no todos, algunos asintieron y por eso fui, saqué el himno y canté otra vez. Hubo comentarios positivos de unos y otros, lo cual me hizo pensar que me gustaría que fuese un comienzo de continuar alabando al Señor en público y no un fin.

Cuando salimos para empezar el viaje, si no todos, la mayoría en el comedor levantaron la mano en señal de agradecimiento por el canto y despidiéndose de mí. Si el Señor no me hubiera dado el éxito que tuve, creo que nadie hubiera tratado de despedirse de mí si yo no hubiera tomado la iniciativa de hacerlo. Eso es parte de la cultura, pero cuando sucede algo agradable, entonces hay reacciones positivas. Como nos enseña **Isaías 48:17**, Dios nos encamina y guía por donde debemos ir.

Aceptó cantar en español

El 28 de febrero del 2014 teníamos tiempo para cantar en uno de los lugares a los que estábamos invitados. Uno de los alabadores con más experiencia me preguntó si podía cantar una estrofa de "¡Cuan grande es Él!" en español. Le dije que estaba bien.

Me dijo que, si el responsable aceptaba, podíamos cantar, él en sueco y yo en español. El líder aceptó, mientras cantaba el Señor manifestó una vez más una unción y presencia especial. Todos estaban disfrutando la presencia del Señor y una señora se quebrantó por lo que Dios manifestó. Después de la reunión, casi todos mis compañeros de alabanza vinieron para decirme que había sido muy bueno que hubiera cantado.

Eso me da ánimo y confianza de seguir alabando al Señor en el momento que él lo disponga. El siguiente fue el comentario del responsable del grupo en los correos electrónicos

que envía a todos los que tienen que hacer con el grupo con el cual canto: *"Juan sjöng så fint några versar solo på spanska av O store Gud."* (Juan cantó solo hermosamente algunas estrofas en español del himno "¡Cuan grande es Él!).
El Salmo 7:17 dice:

> Alabaré al Señor porque él es justo; cantaré himnos al nombre del Señor, al nombre del Altísimo.

Para mí es una confirmación de que alabaré y cantaré al Señor, solo o con otros.

Bus a Estocolmo

Una vez iba a ir a Estocolmo para ver la filmación por el canal de televisión cristiano de un programa de Navidad. Antes del viaje tenía que ir a cantar con el grupo con el que había estado cantando últimamente.

Cuando terminamos el programa de canto, tomé un bus para ir a la estación a tomar otro para Estocolmo. Ya estaba sobre el tiempo y rara vez los buses salen con retraso. Al llegar al paradero, tuve la convicción de ir rápido pensando que el bus se podría haber retrasado esta vez. Empecé a caminar lo más rápido que pude y cuando llegué a la calle por donde el bus debería pasar miré hacia atrás y el bus venia retrasado unos pocos minutos.

Señalé para que se detuviera, lo cual era imposible, ya que tiene que ser un milagro o con un conductor que no sigue las reglas, para que eso suceda en Suecia. Sin embargo, se detuvo, así que pude viajar en el tiempo deseado. Al regresar ese mismo día, era tarde, hacía frío y estaba oscuro.

Nuevamente tuve la convicción de ir rápido al paradero. Un poco antes de llegar, vi que venía un bus: era el que debería tomar para llegar a casa.

Yo no sabía cuándo pasaría, pero corrí correctamente. Si no hubiera ido rápido, según la convicción que tenía, no habría podido tomar ese bus, teniendo que esperar en el frío un tiempo, hasta que viniera el próximo.

Qué importante es seguir las convicciones cuando son puestas por el Espíritu Santo. Esto nos saca de apuros y circunstancias que no se desean. O como muestra **Salmos 139:24**, Dios nos guía en el camino por el cual debemos ir:

> Mira si voy por el camino del mal, y guíame por el camino eterno.

Viaje del ensayo del coro

Mi esposa y yo habíamos ido al ensayo del coro y deseábamos que de regreso a casa pudiéramos ir en carro mientras caminábamos. Empecé a dar gracias a Dios por que pudiéramos regresar en carro a casa. El ensayo terminó y ninguno nos ofreció ir en su carro. Salimos para tomar el bus y, cuando estábamos en el paradero, pasó uno y otro del grupo en su carro, pero nadie se detuvo.

Faltaba poco tiempo para que llegara el bus, cuando de repente se detuvo un carro y empezó a ir en reverso. Era una señora miembro del coro. Nos preguntó si queríamos que nos llevara a casa, aceptamos y, además de llevaros esa noche a casa, ofreció llevarnos y traernos desde la casa al coro cada vez que le fuera posible. El Señor da más de lo que se le pide. ¡Gloria a Cristo! La misma solución que había estado en mis pensamientos.

CAPÍTULO 6:
VICTORIA CONTRA LOS ATAQUES A LA SALUD

Relatos cortos y soluciones obtenidas en situaciones de salud

Los problemas de salud que se presentan en cualquier momento pueden ser causa de frustración, depresión y hasta de muerte, al no tener salida. Una y otra vez vienen ataques contra mi salud; a veces se presentan simultáneamente, a veces es solamente uno.

Cuando se obtiene el éxito contra el ataque a la salud, es causa de mucha alegría y deja un sentimiento de victoria abundante. Esto se aumenta cuando se ha logrado obtener solución permanente a los problemas en la salud.

Análisis y reflexiones

Jesús sana a todos por el poder que sale de Él (*cf.* **Lucas 6:19; Hechos 3:1-10).** En estos pasajes bíblicos aprendemos cómo la gente fue sanada por la virtud divina.

En 2 Crónicas encontramos un caso que nos instruye con claridad porque este rey murió. Él podría haber recibido solución contra el ataque que tenía en sus pies si hubiera buscado solución en Dios, en primer lugar. El rey eligió no buscar ayuda primeramente en Dios (*cf.* **2 Crónicas 16: 12).** Isaías profetizó también diciendo que las heridas del Señor Jesucristo son fuente de nuestra salud (*cf.* **Isaías 53:4-5).**

Una y otra vez proclamo estos versículos cuando me siento atacado físicamente o cuando oro por alguien que está bajo ataques de salud. La proclamación en oración fervorosa a gritos, de corazón, como dice **Salmos 3:4** y **Salmos 40:1.**

Los siguientes pasajes bíblicos han sido la base principal para obtener las sanidades y éxitos que se narran a continuación: **Salmos 103:3, Salmos 107:20, Marcos 16:18** y **Santiago 5:15-16.**

Hay que ser sensibles a cada situación. Si uno cree que necesita auxilio médico con lo que está pasando, debe buscar esa ayuda, entregando la situación al Señor para que Él tome todo el control.

En muchos casos, Dios se ha glorificado mostrando su poder, estando el paciente en el hospital, pero en primera instancia se debe acudir al Señor Jesucristo en oración, como lo describe **Marcos 11:23-25.** En estos versículos se dice que, si oramos sin dudar, recibimos respuesta a lo que pedimos.

En algunas de mis experiencias he acudido a recibir ayuda médica, pero la mayoría de las veces, el Señor Jesucristo ha contestado mi súplica sin tener que acudir al doctor.

Algunas veces que he sido atacado y he tenido que ir al hospital, antes de ir o mientras voy allá, he pedido que oren por mí. Yo también clamo al señor. Cuando llego y me examinan, no encuentran nada. Mi deducción es que la oración que está de acuerdo con la voluntad de Dios es efectiva. **Santiago 5:16-17** nos muestra que orar con fe, confesar los pecados de los que Dios nos convenza, es parte de todo.

No me di cuenta cuando sucedió el milagro de la mano

En el año 2000, una articulación de mi mano derecha había sufrido un dislocamiento. No sé cómo sucedió eso. El hueso salía hacia arriba y la mano me dolía bastante, impidiéndome usarla normalmente.

La enfermera me dijo que no había nada que hacer. Así que seguí orando; otros también oraron por mí. De un momento a otro, sin darme cuenta cuando fue que sucedió el milagro, el hueso había regresado a su normalidad.

Ahora puedo afirmar la mano y presionar fuertemente y no siento ningún dolor como antes cuando tenía el problema. El Señor siempre envía su palabra y me sana (*cf.* **Salmos. 107:20).** Ahora es el 2024 y sigo sano y libre del ataque contra mi mano.

Varias sanidades de ataques comunes

12 de noviembre del 2000. A principios de la semana, cuando orábamos con alguien en la familia, a la hora de acostarse, me dijo que le dolía el estómago. Oramos y, cuando terminamos de orar, el dolor se había quitado. Milagro inmediato. "En mi angustia clamé [...]" (**Salmos 18:1-6).**

El dolor de cabeza terminó

En enero del 2001 oramos con alguien. Él sentía dolor de cabeza y yo también. Oramos en alabanza, intercesión y adoración. Oramos por las cabezas y, en el proceso, yo sentí que él pusiera su mano en mi cabeza y yo en la suya. Yo no había dicho nada de que pusiera su mano en mi cabeza, pero de repente, él empezó a caminar hacia mí y puso su mano sobre mi cabeza, lo cual me llevó a poner la mía en la suya.

Oramos y el dolor de cabeza terminó. Lo que también es importante es que, sin saberlo, el Espíritu Santo había puesto convicción en los dos para orar de la misma forma.

Respuesta de oración para que todo fuera normal

En octubre de 2002, una vez más tuve que hacer un examen de sangre para controlar algunas irregularidades de la próstata que habían mostrado otros exámenes y que los doctores querían seguir controlando en otras formas.

Oramos que los exámenes salieran normales y así fueron los resultados: normales. El doctor una vez más me escribió una carta diciendo que no necesitaba seguir haciendo los otros exámenes porque los que habían hecho mostraban normalidad. Gracias al Señor Jesucristo por su misericordia, compasión y fidelidad de contestar oraciones específicas.

Libertad del azote que me agobiaba

Durante un tiempo estuve atacado con un agotamiento físico bastante fuerte. Eso causaba otros malestares también físicos. Tenía que tomar medicina. Pero después de orar y orar contra ese ataque, llegó el momento en que una vez mi esposa me preguntó qué iba hacer con varios paquetes de pastillas que todavía tenía. Mi convicción era que debería regresar toda esa medicina a la farmacia. Orando y meditando la palabra recibimos sanidad (*cf.* **Salmos. 107:20**).

Gracias al Señor, Él me sanó y ahora no tengo necesidad de medicina, ni de ir al médico. Jesucristo respondió mi petición, libertándome de ese azote con el que los ataques y las circunstancias me habían estado agobiando.

Ahora, estando libre, puedo pensar seguir sirviendo al Señor Jesucristo más efectivamente, con ánimo y fuerzas físicas, sin impedimentos. Esta victoria la adquirí paulatinamente.

Gracias al Señor Jesucristo por su bondad tan infinita para con los que dependemos de Él con paciencia, aunque no merecemos, Él siempre está pendiente de nuestras oraciones y las contesta en el tiempo oportuno.

A veces vienen síntomas, pero siendo que la victoria es mía en el Señor Jesucristo, sigo proclamando mi libertad. El poder de Dios es más fuerte que la esclavitud. En **Nahúm 1:9,** Dios trata con el problema solamente una vez para que no vuelva. Esta verdad de Nahúm no la supe en el tiempo de la pandemia. Ahora la uso como arma contra lo que trata de atacarme nuevamente. La uso contra los resfriados que han sido más persistentes, pero no se han podido quedar; también contra otros ataques que han tratado de volver.

Oración contra el resfriado

Un domingo empezó un ataque de resfriado tan fuerte que tuve que quedarme en casa. El miércoles, mi esposa y yo oramos. Oré con ahínco contra el resfriado. Usualmente ese tipo de resfriados atacan de tal forma que la persona tiene que estar toda una semana o más tiempo descansando para lograr empezar la recuperación.

Después de que oramos, salí a tomar aire fresco; me sentí bastante mejor y decidí ir el jueves a trabajar. Los residuos del resfriado aún no se habían quitado, pero pude seguir haciendo mis actividades normalmente. Dios a veces actúa inmediatamente, a veces lo hace pausadamente. Seguí resistiendo los residuos, confiando que en el momento preciso iban a desaparecer y desaparecieron.

> "Te devolveré la salud [...]" (**Jeremías 30:17**).

Cuando dos o más se ponen de acuerdo para orar por algo, Dios responde (*cf.* **Mateo 18:19**).

No amanecí con dolor de cabeza

El 17 de enero del 2004 me proponía salir para ir al centro con alguien de la familia para ver cosas. En otras oportunidades, cuando pensábamos hacer lo mismo, un dolor me atacaba la cabeza. Esta vez sentía síntomas de dolor, pero oré y proclamé que no aceptaba amanecer con dolor de cabeza para poder ir al centro. Oré fuerte, con ahínco, bien duro, con gritos, como dice el **Salmo 130:1-2**: "Atiende [...] mi grito suplicante". No amanecí con dolor de cabeza; salimos al centro y tuvimos éxito. Esto eran dolores de cabeza comunes, no migraña.

Sanidad del dedo

En octubre del 2007, en esos días, había tenido un dolor fuerte en un dedo. Había orado, pero el dolor no se quitó. Hubo un momento en que insistí orando con ahínco y proclamación, como dice el **Salmo 3:4**, por la sanidad de mi dedo. Unas horas después fue sorprendente cuando me encontré haciendo algo sin que me doliera el dedo. Luego continúe haciendo todo lo que anteriormente no podía hacer sin que doliera desalentadoramente. La oración que proclama insistente y tenazmente funciona, dando el Señor Jesucristo la respuesta en el momento menos pensado y esperado (*cf.* **Isaías 53:3 y Lucas 18:1-8).**

Los malestares desaparecieron

Enfatizo que los siguientes pasajes bíblicos han sido la base principal para obtener las sanidades: **Isaías 53:4-5, Salmos 103:3, Salmos 107:20** y **Marcos 16:18.**

Como se podrá apreciar en el texto, una y otra vez soy atacado con síntomas de problemas digestivos, pero no se pueden quedar porque ya tengo la clave de deshacerme de ellos.

A continuación, comparto unas experiencias.

Mi sistema digestivo estuvo atacado, tenía diarrea y malestar estomacal. Oré matando las bacterias y proclamando sanidad y liberación de lo que me atacaba. Unos días después el malestar y la diarrea no estaban más atacándome. ¡Gloria al Señor!

No obstante, el ataque regresó; tenía malestar estomacal. Oré específicamente, matando las bacterias malas y proclamando sanidad y liberación de lo que me atacaba. Corto tiempo después el malestar y la diarrea desaparecieron, ¡Gloria al Señor Jesucristo! Jesucristo llevó nuestras enfermedades en su sacrificio (*cf.* **Isaías 53:3**). Dios quita el ataque para que no vuelva (*cf.* **Nahúm 1:9).**

Los ataques físicos han desparecido

En un viaje a Colombia (enero-febrero de 2008), en las reuniones que tuve, el Señor me guio a orar por personas que estaban bajo ataques de enfermedad.

Después de ese tiempo de oración, yo estuve atacado con resfriados, entre otros ataques. Pero yo proclamé en oración sanidad y esos ataques desaparecieron. Cuando llamé y hablé con una de mis hermanas, quien había estado también atacada, me dijo que después de que yo había orado contra las dolencias, el Señor la había sanado (*cf.* **Marcos 16:18, Santiago 5:15-16**).

Estando todavía en Colombia, una vez hablando con una de mis hermanas me dijo que uno de mis sobrinos y la madre del hijo de mi sobrino estaban agradecidos conmigo por haber orado por el niño y que después de la oración el Señor lo había sanado.

Esto había sucedido en una visita que hice hacia algunos años. Yo no recordaba nada de lo que mi hermana me decía en relación con la sanidad del niño. Para confirmar, le pregunté a la madre del niño que me explicara cómo era que el niño había sido sanado. Ella empezó a narrar diciendo que después de que yo había orado por la sanidad del niño el Señor lo había sanado.

Describiendo ella la enfermedad, entre otras cosas, dijo que tenía llagas en la cabeza que le supuraban y que lo habían llevado a los médicos, pero que ninguna medicina había hecho efecto. Viendo después su cabeza, estaba totalmente libre de tales llagas y mostraba una vida llena de salud (*cf.* **Lucas 6:17-19**).

No tuvo que tomar la pastilla

Un día un familiar estaba atacado con un dolor de caderas bastante intenso. Empecé a orar por ella, proclamando salud y algunos versículos que hablan de sanidad divina. Aunque la enfermedad y lo que la causa no fue quitada, ese día no obstante el dolor se quitó casi instantáneamente. La señora ya había preparado una pastilla contra el dolor, pero después de que el Señor le quitó el dolor, ella se olvidó de la pastilla y de que le dolía. En Isaías leemos que el Señor llevó sobre sí nuestros dolores (*cf.* **Isaías 53:3-4**).

Algunas veces he tenido que ir al médico de urgencia

Algunas pocas veces he tenido que ir al médico de urgencia, pero antes de ir al hospital, he orado muy determinantemente contra el ataque y también he pedido oración a quienes he podido. Cuando el doctor hace los exámenes correspondientes, no encuentran nada y no saben qué es o qué pasó. De lo que puedo estar seguro es de que durante el viaje al hospital o durante el tiempo de espera para ser examinado el Señor ha hecho la sanidad. Por sus llagas somos sanados (*cf.* **Isaías 53:3-4).**

Sanidades de problemas digestivos

En otra ocasión, cuando estaba con dificultades digestivas, oré de la misma forma que anteriormente. Es decir, matando las bacterias que estaban atacando mi sistema digestivo. Proclamé destrucción y muerte contra las bacterias en el nombre de Jesús. Más tarde obtuve respuesta a la oración.

Una vez, por algunas semanas, estuve atacado con dolor de estómago. Un día decidí sentarme en el sofá de la sala y orar con todo ahínco y de corazón contra el dolor de estómago. Después de haber orado de esa forma, el dolor fue pasando poco a poco hasta que desapareció totalmente.

Ahora, no se pueden quedar con que ya tengo la clave de deshacerme de los dolores digestivos cuando tratan de atacarme. La clave es Jesucristo. Jesús sana a todos por el poder que de Él sale (*cf.* **Lucas 6:19, Hechos 3:1-10).** En estos pasajes bíblicos aprendemos cómo la gente y un individuo fue sano por la virtud divina.

¡Gloria al Señor Jesucristo! Él llevó todas nuestras enfermedades y todos nuestros dolores, según **Isaías 53:3-7.** La proclamación en oración fervorosa a gritos, de corazón, como dice **Salmos 40:1,** es clave para recibir respuesta.

El dolor de la nuca desaparece

A principios del 2009, yo tenía un dolor en la nuca que me incomodaba bastante, en un momento le dije eso a alguien en la familia. Ella me preguntó si deseaba que orara por mí. Le dije que sí, oró y el dolor se quitó sin que volviera. ¡Gloria sea dada a Cristo! Orad unos por otros (*cf.* **Santiago 5:16-17).**

Sanidad a distancia

En el 2009, unos meses después de que regresé de Colombia, llamé a Isabel (mi hermana). Me dijo que estaba atacada con un resfriado fuerte; tenía fiebre y tenía que estar en cama.

Le pregunté si quería que oráramos y me dijo que sí. (*cf.* **Marcos 16:18, Santiago 5:15-16).** Así que oré por teléfono, reprendiendo el resfriado y proclamando sanidad. Ella estaba muy de acuerdo conmigo. En casa seguí proclamando sanidad para ella y unos días después volví a llamar y me dijo que estaba mejor.

Seguí proclamando la sanidad y luego pasaron unos días más; cuando llamé nuevamente me dijo que estaba completamente libre del ataque.

Cuando oré por teléfono sentí que algo empezó a suceder en beneficio de la sanidad de Isabel, pero no recibió sanidad total hasta que seguí insistiendo, proclamando la sanidad para ella.

Cabe decir que otros habían orado por ella antes de que yo orara por teléfono, pero no había recibido respuesta. ¿Por qué el Señor esperó hasta que yo oré por teléfono para empezar a sanarla? No se puede explicar todo, pero el Señor tiene muchas formas de actuar y responder oraciones. Cuando oramos unos por otros Dios actúa (*cf.* **Santiago 5:16-17).**

Mientras oraba, alguien se sanaba

En noviembre del 2009, en la reunión de oración del grupo de la iglesia, alguien del grupo manifestó la necesidad de recibir oración. Una hermana me pidió que orara por esa persona. Primero el Señor me guio a orar en alabanza y adoración; luego intercedí por la persona proclamando sanidad.

Cuando terminé de orar, la persona por quien oré no manifestó nada, pero otra hermana del grupo dijo que mientras estaba orando por sanidad, ella había recibido sanidad. No explicó de qué fue sana, pero según ella, el Señor Jesucristo la sanó. Él envió su palabra para sanarla (*cf.* **Salmos. 107:20; Salmos 103:3; Santiago 5:16-17).**

Dolores desaparecen

En la semana de la Navidad del 2009 un día estuve haciendo aseo. Por la noche, en el mismo día, me desperté con un dolor agudo en un brazo. Por causa del dolor era difícil volver a dormir. Empecé a orar pidiendo que el Señor Jesucristo me sanara y, después de haber orado, el dolor fue desapareciendo. Empecé a dormir otra vez y cuando me desperté el dolor se había quitado totalmente. "Este pobre clamó […]" (**Salmo 34:6-10).**

Victoria sobre ataques

En cierta ocasión alguien en la familia estaba atacada con un dolor de estómago fuerte. Sentí orar por su sanidad y proclamar versículos que hablan de sanidad: **Marcos 16:18** y **Santiago 5:15-16.** Poner las manos y orar unos por otros es importante para recibir sanidad. Más tarde, ella me dijo que después de que había orado el dolor había disminuido.

Otro ataque físico vino contra esa persona. Hablamos del problema y luego oramos. Decidimos que deberíamos seguir orando, dando gracias al Señor Jesucristo por una solución. Cuando volvimos a hablar de lo mismo, el ataque había desaparecido. ¡Gloria al Señor!

Cuando me hicieron los exámenes no encontraron ningún problema

A fines de marzo del 2010, una noche tuve un dolor intenso de estómago. El dolor se produjo en el área donde se encuentra el apéndice. Llamé al centro de consejería médica y me dijeron que tenía que ir al hospital de urgencia.

Antes de salir para el hospital, pedí oración por eso. Cuando me hicieron los exámenes, no encontraron ningún problema. ¡Gloria a Dios por la respuesta a la oración! (*cf.* **Santiago 5:15-16).**

El resfriado se quitó totalmente

Una ocasión tuve un ataque de resfriado fuerte con dolor de huesos, cuerpo y tos. Estuve con familiares cercanos hasta el primero de julio.

Tomábamos tiempo para orar. Una mañana, decidí orar con todas mis fuerzas contra la tos y el resfriado. La tos fue disminuyendo bastante rápido, pero el resfriado en general no. Seguí resistiéndolo, hasta que se quitó totalmente. "Te devolveré la salud […]" (**Jeremías 30:17**).

El resfriado desapareció

Empezando el otoño del 2010, hubo varias personas que estuvieron enfermas con fiebre y resfriado. Alguien estuvo atacado con fiebre. De alguna manera, el resfriado trató de atacarme a mí también. Hablando por teléfono con alguien de la familia, ella me preguntó si yo no estaba bien.

Me sentía un poco indispuesto, pero empecé a orar y rechazar el resfriado y a confesar que yo no necesitaba estar enfermo, que yo necesitaba trabajar y cumplir con mis responsabilidades de trabajo.

Después de eso, los síntomas del resfriado empezaron a desaparecer. Como resultado, no tuve que quedarme en casa (*cf.* **Salmos 103:3-4**).

Cuando hablamos nuevamente con mi familiar por teléfono, me dijo que me oía que estaba bien.

Me resistí a que el resfriado continuara en mí y el Señor actuó en mi favor protegiéndome. ¡Gloria al Señor Jesucristo!

Decisión de no estar enfermo

En marzo del 2010, el coro en el que estaba tenía que cantar. Antes muchos de los miembros estuvieron atacados con dolores y varias otras cosas. Yo estuve atacado con un resfriado fuerte, pero unos días antes de la actuación, decidí no estar más enfermo. Lo hice confesando y proclamando que ya bastaba con el ataque y que yo decidía no estar enfermo más de ese resfriado.

El 24 de marzo escribí el testimonio y pude estar esa noche en la iglesia con el coro y sin que el ataque me impidiera cantar, como hubiera sucedido si no hubiera tomado con anterioridad la decisión de no estar enfermo, confiando lo que dice **Salmos 107:20.**

El dolor del hombro desapareció

Cuando estaba por terminar mi trabajo en Säffle, en 2011, empecé a trasladar cosas a Uppsala. En uno de los viajes tuve que llevar un par de maletas pesadas. Por causa de eso después me dolía un hombro y era muy incómodo.

Me puse a orar en contra del dolor, rechazándolo. Lo hice muy decididamente y con intensidad. Proclamé sanidad en el nombre glorioso de nuestro Señor Jesucristo.

¡Gloria sea dada al Señor Jesucristo! El dolor desapareció. Al día siguiente, comenté en casa que era un descanso fantástico no sentir el dolor que producía tanta incomodidad en mi hombro.

Me dijo que estaba bien del oído

En el 2012, una vez, cuando llamé a una de mis hermanas, me dijo que tenía dolor de oído. Le pregunté si quería que orara contra el dolor. Ella aceptó. Oré por sanidad y libertad, después de unos días nos comunicamos nuevamente y me dijo que estaba mejor. Seguí dando gracias por la sanidad del oído.

Pasó un corto tiempo volvimos a comunicarnos y me dijo que estaba bien del oído. ¡Gloria al Señor Jesucristo! (*cf.* **Santiago 5:15-16).**

El dolor indeseado se quitó

A mediados de 2013, una mañana alguien tenía un dolor muy fuerte en una parte de su cuerpo. La persona lloraba del dolor. Le pregunté que si quería que oráramos y aceptó; proclamamos que dejábamos todas las preocupaciones y ansiedades bajo el control del Señor.

Proclamamos versículos de sanidad, entre otros, Isaías 53:4-5, que dice que Él (Jesús) llevó nuestros dolores.

Oramos corto tiempo, pero intenso. El dolor fue menguando y más tarde era mejor; después se puso aún mejor, y ya no hubo más llanto por causa de dolor.

Esta vez el Señor quitó el dolor indeseable. Esta vez la promesa de que Cristo llevó nuestros dolores fue cumplida.

Se quitó muy rápido el dolor

En diciembre de 2013, un día iba caminando, buscando el lugar donde escribiría un examen. Había nevado, la nieve se había vuelto hielo; había caído más nieve y había cubierto el hielo.

Hubo un momento en el que pisé una parte resbaladiza. Di una media vuelta y caí; una de mis rodillas se retorció y me dolió mucho. Inmediatamente me levanté y me puse a orar en lenguas y con mucho ahínco, proclamando la protección de Dios y para que no sucediera nada malo con mi rodilla.

El dolor fue desapareciendo. Después de un corto tiempo todo quedó en su normalidad. Usualmente en caídas de esa índole se dañan los músculos o se fracturan los huesos y hay que ir al hospital. Pero, por la oración, el Señor Jesucristo contestó quitándome el dolor y sanando lo dañado. **Salmos 3:4:** "Con mi voz clamé y él me respondió".

Control del estado de la próstata

De acuerdo con el **Salmo 118:17**, no voy a morir, sino que voy a contar lo que el Señor Jesucristo ha hecho en mí y conmigo. El resultado cambió de una forma que el especialista no podía explicar. De estos resultados tengo documentos formales.

En octubre de 2012 hicieron unos exámenes de sangre para controlar el estado de la próstata. El resultado fue alto, mostrando riesgos de problemas de salud en esta parte del cuerpo. Cuando el doctor me informó que el resultado no era satisfactorio, empecé a orar y pedir a la gente creyente que me ayudaran a orar por eso.

El doctor me remitió al hospital para que continuaran investigando el problema. Hicieron otro examen de sangre después de que se había cubierto, y estuve en oración pidiendo al Señor Jesucristo que me quitara el problema de salud.

El 3 de enero de 2013 tuve la visita médica con el especialista del hospital. Entre todo lo que me explicó, una de las cosas que me dijo fue que el primer resultado era de 5,3, lo cual era alto y que el segundo resultado era de 1,5.

Me dijo que él no podía explicar por qué resultó una diferencia tan grande. Cuando él llegó a esta parte de la explicación, lo primero que vino a mi mente fue: "Yo tengo la explicación: la oración, la respuesta a la oración". ¡Gloria al Señor! "Clama a mí y te responderé" (**Jeremías 33:3**, RVR1960). Él sigue haciendo milagros maravillosos.

El dolor ha desaparecido

20 de diciembre de 2014, La semana pasada estuve atacado con un dolor estomacal. Era un dolor poco común. Oré contra el dolor y no se quitaba. Seguí insistiendo en oración,

rechazándolo y proclamando los versículos que sé sobre sanidad divina.

Ahora es un poco más de una semana y el dolor ha desaparecido. No sé en qué momento sucedió la sanidad. De lo que estoy seguro es de que la oración, la proclamación de los versículos bíblicos y el rechazo en el nombre de Jesucristo de los dolores que atacaban una parte de mi estómago fueron las herramientas usadas por el Señor para mi sanidad. "Tú oyes la oración" (Salmos 65:2).

Llaga sanada

En los últimos días de marzo de 2015, un día cuando vine de Rättvik a Uppsala, por la mañana, cuando me lavaba los dientes, me di cuenta de que tenía una llaga en la parte interior de la mejilla derecha. Era muy fea e impresionante; cuando alguien en la familia la vio, le causó impresión también.

Empecé a proclamar algunos versículos sobre sanidad. Me fui a trabajar a Rättvik nuevamente y seguí proclamando los versículos y la sanidad para mi mejilla. Por la tarde estaba mejor; al día siguiente era mucho mejor. No paré de proclamar los versículos sobre sanidad divina.

La llaga fue disminuyendo más y más y por último desapareció totalmente. El poder sanador de Jesucristo se manifestó, sin que tuviera que ir al médico. Había estado pensando en consultar con el doctor para que, según lo que dijera, orar más efectivamente contra la llaga, pero no fue necesaria la consulta. Dios sana todas mis enfermedades, no voy a la sepultura (*cf.* Salmos 103:3-4).

"Sáname tú, Señor y seré sanado" (Jeremías. 17:14).

Fui a que el médico ortopédico confirmara la sanidad de mi brazo

Durante muchos meses tuve un ataque de dolores muy fuertes en un brazo. Era muy difícil hacer algunos movimientos que usualmente son necesarios hacer para funcionar normalmente. Oré contra el ataque, pero no se quitó.

Acudí a recibir ayuda médica y me recomendaron hacer algunos ejercicios. No sentí que los ejercicios hicieran efecto; volví y me recomendaron otros ejercicios diferentes, pero el ataque continuaba. La enfermera de ortopedia me remitió al médico de medicina general, y este me remitió al centro radiológico. Me tomaron radiografías y después tenía que ver un especialista.

No me di por vencido. Seguí orando y proclamando los versículos bíblicos sobre sanidad divina. Me habían recomendado tomar calmantes, pero les dije que, si no era medicina que quitaba el ataque, prefería no tomarlos.

Como los calmantes no solucionaban el problema, la única medicina que seguí tomando fue la de confesar y proclamar los versículos sobre sanidad y creerle al Señor Jesucristo por la sanidad divina. Cuando fui al médico ortopédico, una de las primeras preguntas que me hizo fue si había estado tomado calmantes. Yo tenía doble respuesta, una negativa para el médico y otra positiva para mí, ya que la única medicina que había estado tomando era la divina.

El doctor me hizo una última revisión y la respuesta era que no era necesario volver al médico o a recibir tratamiento. La medicina del Señor Jesucristo había sido suficiente para que mi brazo funcionara nuevamente, quitando los dolores agudos que tenía. Aunque el ataque duró un tiempo, la constancia en creerle al Señor Jesucristo por la sanidad, proclamando los versículos sobre sanidad, fue un factor imprescindible para recibir solución. **Salmos 65:2:** "Tú oyes la oración".

Victoria contra ataques en diferentes momentos para poder dormir descansadamente

Una y otra vez, por diferentes razones, no me quedaba fácil dormir. No había descubierto algo efectivo que me ayudara a dormir descansadamente.

Después de decidir memorizar versículos y capítulos bíblicos, ahora cuando no me queda difícil dormir me pongo a repetir los versículos y capítulos. Si me es posible, lo hago en voz baja o mentalmente. Esto ha sido muy efectivo para descansar y dormirme. Casi siempre, no termino de repetir todos lo que sé de memoria sin que me duerma y no me despierto fácilmente hasta cuando necesito levantarme.

En otra ocasión, después de haber hablado con alguien de cosas importantes, algunas cosas no eran fáciles. Una noche mis pensamientos empezaron a ser atacados en lo relativo a lo difícil que se había dicho; eso empezó a causar desvelo y preocupación fuerte. Como no podía dormir, decidí empezar a pensar en la grandeza de Dios.

Pensé cómo Dios creó el universo y en lo inmenso que es y que Dios es más grande que todo lo creado. Después de unos minutos, empecé a dormir, y cuando me desperté en la mañana del día siguiente para levantarme, la preocupación había también desaparecido. El Señor nos lleva por el buen camino (*cf.* **Salmos 3:8**)

Recibe sanidad después de proclamar y orar

Una ocasión oré por alguien que tenía resfriado. Le pedí al Señor que le diera sabiduría sobre cómo cuidarse, que se pusiera la ropa adecuada, según el estado del tiempo, que no se expusiera a mojarse cuando llovía, que hiciera su parte y que lo que no podía hacer esa persona por sí misma para evitar el resfriado que Dios lo ayudara y le ministrara.

Proclamé sanidad para esa persona por las llagas de Jesucristo, según **1 Pedro 2:24**:

"Cristo fue herido para que ustedes fueran sanados".

Un corto tiempo después recibió su sanidad.

La tos se quitó totalmente

Alguien en la familia tuvo tos por varias semanas. Oramos y la tos menguó un poco, pero oramos otra vez y era mucho menos. Antes de esto era un tormento por las noches, no pudiendo dormir normalmente.

Ahora dormimos sin que la tos sea un obstáculo para el sueño. La tos se ha ido por el poder de Jesucristo. Una vez me vino un ataque de tos bastante desagradable. No podía salir sin que estuviera con el malestar de las vías respiratorias por la tos. Este ataque duró varios días. Un día decidí no estar más enfermo de tos. La reprendí en el nombre de Jesús, matando lo que la causaba y proclamando libertad para mis vías respiratorias.

Así como hizo Jesús, reprendiendo la fiebre de la suegra de Pedro (*cf.* **Lucas 4:38-39),** lo hice con ahínco y de todo mi corazón, siendo drástico contra la tos y lo que la causaba. El malestar y la tos fueron desapareciendo hasta que en poco tiempo se quitó totalmente.

Sanidad para mi rodilla

A fines de septiembre de 2014, no pude hacer ejercicios porque tenía un dolor fuerte en la rodilla. Proclamé que por las llagas de Cristo yo era sano.

Resistí el dolor y lo mandé que se fuera de mí; un corto tiempo más tarde no tenía dolor de rodilla. Era el 29 del mes. El día que escribí el testimonio era 30 de septiembre de 2014. Ese día pude hacer los ejercicios sin ningún impedimento. ¡Gloria al Señor Jesucristo! Por las heridas de Jesucristo soy sano (*cf.* **Isaías 53:5).**

Sanidad del dedo maltratado

El 9 de junio del 2015 hacía más de una semana que había ido a cambiar unos zapatos que había comprado. Llovía y tenía que caminar con la bolsa. De alguna forma mi dedo pulgar sufrió un daño y el resultado fue que me empezó a doler como si hubiera sido fracturado.

No solamente era un impedimento por el dolor para hacer algunas cosas; también lo era para realizar el trabajo, ya que parte de la enseñanza consiste en escribir en el tablero las instrucciones para los alumnos.

Esto era parte de la dificultad. Oré una y otra vez por la sanidad del dedo y que se quitara el dolor. Llegó el momento en el que sorpresivamente empecé a volver a hacer todo como lo hacía antes de que el dedo fuera maltratado.

> [...] su cuerpo se renovará como la hierba
> (**Isaías 66:14**).

No hubo más obstáculo para escribir las instrucciones para los alumnos durante mi trabajo. También otra vez, cuando me acosté, tuve un dolor de estómago no común. No era nada cómodo. Antes de dormirme, oré proclamando destrucción del dolor, rechazándolo y proclamando mi sanidad por la sangre de Cristo. Más tarde empecé a dormir. Por la mañana, cuando me levanté, estaba libre del dolor.

> Sáname tú, Señor y seré sanado (**Jeremías.**
> 17:14)

Respuesta segura y a veces en corto tiempo

Una vez, algunos en la familia hemos estado atacados con tos incontenible y resfriados atroces. Cuando he orado contra el ataque, he orado resistiéndolo específicamente, proclamando destrucción contra lo que producía la tos y matando los virus o bacterias.

Proclamé total destrucción contra eso en el nombre de Jesús, obteniendo repuesta a veces después de un tiempo largo, o a veces después de un tiempo corto. A veces necesitamos ser pacientes hasta que tengamos la respuesta (*cf.* **Santiago 5:7-11**).

Una vez estaba atacado en mi cuerpo. Me puse a oír un CD sobre pasajes bíblicos de sanidad. No paré de oírlo, sino que continué oyéndolo, orando y alabando al Señor. Más tarde me sentía mejor y mejor hasta que fui sanado: "Sáname tú, Señor y seré sanado" (**Jeremías 17:14**).

Una vez alguien en la familia estuvo atacado de un dolor de oído. Lloraba desesperadamente por el dolor. Oramos y casi fue instantáneo que se le pasó el ataque.

> [...] pondrán las manos sobre los enfermos
> y sanarán **Marcos 16:18**.

Varias sanidades

Una vez, mientras yo ayudaba en una conferencia, el enemigo atacó a un miembro de la familia con una enfermedad de las piernas. No podía caminar y todo era difícil para todos por causa del ataque. ¡Pero, gloria a Dios, él está sano! Esto sucedió después de orar y clamar a Dios por su sanidad (**Santiago 5: 16-17**).

Una vez en Colombia alguien enseñó sobre sanidad. Luego debíamos orar unos por otros y vino alguien que tenía un brazo un poquito más corto que el otro. Junto con otra persona, oramos para que el brazo quedara igual y vimos cómo el brazo creció y quedó igual que el otro. "[…] su cuerpo se renovará como la hierba…" (**Isaías 66:14**).

Oración transatlántica

Una y otra vez he orado con familiares cuando hablamos por teléfono. Ellos se encontraban en Colombia y yo en Suecia. Una vez que oré con mi hermano fue él que tomó la iniciativa y me dijo que él había recibido sanidad cuando yo he orado por él desde Suecia.

Esta vez era yo el que necesitaba oración después de que oramos. El ataque fue despareciendo hasta que me sentí completamente bien.

Para Jesucristo no hay limitaciones de realizar sanidades, cuando uno ora con la fe y la seguridad de que Él puede sanar, basándose en lo que la Palabra de Dios dice en relación con la sanidad divina (*cf.* **Santiago 5:15-16**).

Sanidad en la alabanza

Una y otra vez, oyendo la Palabra o en la alabanza al Señor, he experimentado la intervención de Dios. Una vez estaba atacado en mi cuerpo y me puse a oír un CD sobre alabanza. No paré de oírlo, sino que continué oyéndolo y orando y alabando al Señor. Más tarde me sentía mejor y mejor hasta que fui sanado, como cuando oía el CD sobre pasajes bíblicos de sanidad.

Envió su Palabra y los sanó (**Salmos 107:20**)

Cantaré a Jehová porque me ha hecho bien (**Salmo 13:6**).

Oré que pudiera viajar y que pudiera trabajar

A mediados de septiembre del 2015 empezó un ataque de resfriado. Se fue desarrollando poco a poco. El jueves de esa semana era muy difícil. Tenía que viajar el domingo para trabajar el lunes. Si no hubiera podido viajar, habría perdido un día de sueldo. En medio de todo empecé a orar para que pudiera viajar y trabajar.

Luché en oración con todas mis fuerzas e insistencia contra el ataque de resfriado y para que pudiera viajar y trabajar. Llegó el domingo; sentí que podía viajar, viajé sin problemas, descansé esa noche y el lunes fue un día normal de trabajo. ¡Qué fantástico recibir respuesta de oración tan específica!

El martes tenía que trabajar desde la casa y el miércoles regresar al colegio. Lo que me atacaba no se quedó tranquilo; el martes me empezó un dolor de cabeza de esos agobiantes. Seguí en la lucha contra lo que me había estado atacando y contra el dolor de cabeza, proclamando y confesando que el miércoles iba a poder trabajar sin obstáculos. No quería estar atacado, ni tampoco que mi sueldo fuera robado por el ataque que tenía. Llegó el miércoles. Me sentí fuerte para poder viajar y trabajar.

El Señor Jesucristo me dio la victoria. Esto después de haber orado con mucha insistencia y tenacidad. Dios se preocupa de los detalles y los asuntos difíciles. Esto lo he experimentado una y otra vez durante mi trayecto en mi caminar con Él. Hay que orar con toda confianza, sin dudar nada (*cf.* **Santiago 1:6**).

Más soluciones obtenidas en situaciones de salud en tiempos variados

Una y otra vez desaparecen los ataques contra mi salud, esto después de hacer uso de las herramientas disponibles que Dios nos da en su palabra.

Victoria total sobre el resfriado

En septiembre del 2010, cuando fui Amsterdam, el día anterior al viaje tenía un ataque de resfriado muy fuerte. Habíamos orado, pero el día del viaje todavía era muy incómodo con el resfriado. Salí a eso de las ocho de la noche y el avión llegó a Schiphol cerca dos horas después.

No había hecho reserva de hotel por anticipado. Cuando salí a la sala de llegadas, me dirigí a la oficina que daba información hotelera en el aeropuerto. La recepcionista me dijo que solo había habitaciones en un hotel que costaba casi cientos de euros, lo cual era demasiado caro para mí.

En la oficina de turismo me dieron información sobre como ir en tren al centro de la ciudad. Compré un ticket de ida y regreso en tren a Ámsterdam. Al llegar a la estación central de los ferrocarriles, me dirigí a la oficina de información. Ahí pregunté por sugerencias a dónde me podría dirigir a preguntar por una habitación en un hotel.

Me dijeron que todo estaba ocupado y que era muy difícil encontrar habitaciones en los hoteles esa noche. Me dirigí a un hotel y pregunté; expliqué que necesitaba una habitación, me remitieron al mismo hotel caro y seguí preguntando, pero a medida que encontraba hoteles, había avisos en las puertas que decían que lo sentían, pero que todo estaba ocupado o que no había habitaciones libres.

En la estación me habían dicho que, si no conseguía posada, que me fuera el aeropuerto, porque no lo cerraban durante la noche, pero que la estación de tren la cerraban a la una de la mañana.

Antes de que cerraran la estación de trenes, me aseguré de ir al aeropuerto. Al llegar allá, había gente durmiendo en varios lugares en los asientos de las salas de espera. Alguien estaba tendido/a sobre una tela en el piso; paseé por el aeropuerto por un tiempo corto, luego me senté en una sala y no demoré mucho para que quedara dormido.

El resfriado era muy molesto. Cuando tomé fuerzas físicas nuevamente, empecé a contraatacar el resfriado en oración. El día amaneció conmigo, pero no el resfriado. Oré de tal forma que logré la victoria total sobre el resfriado que me atacaba. El Señor Jesucristo estaba conmigo esa noche, ayudándome en las circunstancias, y dándome la victoria escuchando mi súplica (*cf.* **Salmos 116:1-2**).

Me confirmó que no había aneurisma

Recibir respuesta tan específica de oración por sanidad es de un ánimo indescriptible. Lea **Isaías 38:16**; se puede leer todo el capítulo. En **Salmos 118:17** se muestra no voy a morir de esto tampoco, sino que voy a contar (por medio del libro) lo que el Señor Jesucristo ha hecho en mí y conmigo.

En junio del 2012 fui al médico. Me remitió al hospital para que hicieran una investigación de la vena aorta con el ultrasonido. El resultado que arrojó la investigación fue de un aneurisma de 3,9 de diámetro, en la parte superior de la bifurcación.

De acuerdo con informes, esta enfermedad se llama "la muerte silenciosa". Según la información que se proporciona a los pacientes de esta enfermedad, se debe operar con 5 centímetros o alrededor de eso. Después de que recibí el resultado, empecé a orar y pedir oración. Mucha gente en diferentes partes del mundo oró por esa petición.

Me enviaron información del hospital para que fuera a un control en el transcurso de 12 meses. Mi petición específica al Señor Jesucristo fue que cuando hicieran el control el aneurisma hubiera disminuido a la mitad. Cuando fui al control, el resultado fue que había casi 1,9 centímetros, abreviando el diámetro esta cifra en la mitad de 3,9. Este resultado era difuso y dudoso. El doctor con quien hablé se puso inseguro.

En algunas ocasiones me habían dicho que disminuía un poquito. Eso causaba desorientación en el personal médico. De lo que entiendo, por lo que se dice desde el punto de vista de la medicina, un aneurisma nunca disminuye. Para estar seguros de lo que sucedía, ordenaron una investigación más detallada y concreta. Esta consistía en una investigación con radiografías del sistema arterial. Durante el tiempo que esperé para que hicieran la investigación, volví a pedir oración.

Esta es la petición que hice: "Petición de oración. Gracias por ayudarme a orar para que un examen de todo el abdomen se haga correctamente. Que los utensilios para el examen no hagan daño a otras partes del cuerpo. Que el personal que trate todo lo relacionado con el examen sea el personal correcto y que el examen muestre que todo está bien y que no se necesita ninguna operación". Mucha gente me ayudó a orar. Esta vez mi petición y deseo era que cuando me dieran el resultado fuera que no habían encontrado nada.

Cuando el doctor me llamó del hospital para informarme del resultado, la respuesta que recibí fue que no habían encontrado nada. Cuando recibí la respuesta, tuve tanta alegría que daba deseo de contarle a quienes se me atravesaban en el camino. Estaba en la calle cuando me llamó el doctor. Al llegar a casa, un vecino de habla hispana estaba cerca a la entrada del edificio y no me aguanté. Le conté que el Señor Jesucristo me había sanado de la enfermedad llamada "muerte silenciosa".

Después de todo esto vinieron ataques mentales. Un pensamiento era que si solamente un médico había visto los exámenes y tomado la decisión era dudoso el resultado.

De la sección del hospital que trataba el caso, habían reservado tiempo para que un cirujano me llamara. Una de las cirujanas me llamó el 26 de agosto de 2013. Me confirmó que no había aneurisma. Le pregunté si ella había visto las fotografías de los resultados de la radiografía. Me contestó que sí y que habían hecho una junta médica para analizar mi caso.

Quienes hicieron el análisis fueron 5 personas del cuerpo médico, entre ellos, algunos doctores competentes en cardiología. Esta información hizo que el ataque de duda desapareciera, dándome total seguridad de que el Señor Jesucristo había solucionado el problema, contestándome específicamente mi petición, es decir, que la última vez que hicieron la investigación los médicos no encontraron nada.

Este es el informe médico sobre el aneurisma de 3,9 centímetros: "Por teléfono 2013-08-16, te informé que no tienes ningún aneurisma en la aorta". Justo este había sido mi deseo, esperanza y petición al Señor.

Sin embargo, debería continuar con los controles. Cuando fui al último, mi oración y mi deseo era que no encontraran nada. Cuando me llamó la enfermera del hospital me dijo que no tenía nada y que si deseaba podía seguir con los controles.

Le pregunté que si los controles eran para ver que no había nada y dijo que sí. Le pregunté que cómo se explicaba mí caso. Le dije que si se podía decir que eran milagros, que yo creía en milagros. Ella se sonrió y nos despedimos.

La proclamación de estos pasajes los repetí una y otra vez como las pastillas que habría que tomar continuamente:

Isaías 53:4-5, Salmos 103:3, Salmos 107:20 y **Salmos 118:17.** Proclamar estos versículos lo hice desde que supe del ataque hasta que el Señor Jesucristo lo quitó.

Todos los creyentes con quienes hasta ahora he compartido este milagro han manifestado gozo y alegría por la obra del Señor.

En las investigaciones trabajaron directamente mínimo 8 personas, 4 enfermeros/as y 4 o más médicos. Que se haya equivocado alguno es aceptable, pero más de 8 personas profesionales en la materia…, no pude ser que eso suceda. Si uno cree que el Señor Jesucristo hace milagros, es muy seguro que uno obtiene el milagro si insistentemente coopera con lo que es posible. Es decir, orar en proclamación de la Palabra, adoración, alabanza y gratitud. Haciendo según la convicción de lo que uno cree que Dios quiere que haga.

¡Libre de la migraña!

Desde que era joven, empezó un ataque de migraña contra mí. Al principio no era tan duro, una pastilla contra el dolor de cabeza podía aliviarlo. Pero después de un tiempo aumentó hasta llegar a ser casi totalmente insoportable. A veces tomar café me ayudaba un poco, produciendo vomito y aliviando de esa forma el dolor. A veces no ayudaba nada. El dolor era tan intenso que casi no podía pensar. En algunas ocasiones, estos ataques torturantes duraban días; esto se repitió una y otra vez cada mes durante el tiempo que tuve el ataque.

Cuando estaba atacado con los dolores de cabeza, la vida no era fácil. Tenía que estar acostado, sin luz o con poca luz, no oír ruidos y estar lo más descansado posible. Vomitar era un martirio; cuando tenía vacaciones, una y otra vez venían los ataques, lo que dañaba el tiempo con la familia.

Con mi esposa, una y otra vez dábamos gracias al Señor Jesucristo y sigo dando gracias porque no tengo que acostarme con las luces apagadas o vivir las limitaciones que experimentaba cuando tenía el ataque de migraña. El Señor ha cambiado mi lamento en gozo dándome la libertad (*cf.* **Salmos 30: 11-12; Lucas 4:18-19**).

Cosas que experimenté que cooperaban con la migraña y en contra de mí

Ruidos fuertes, algunas comidas y también cantidades de comida. Pero lo que más hacía que se agudizara era consumir demasiada información secular a través de los medios de comunicación, literatura o prensa, entre otros.

Ver televisión por más del tiempo necesario y, especialmente, ver programas seculares me producía un cansancio cerebral indeseado. Leer literatura secular ficticia y periódicos con mensajes me producía el mismo cansancio cerebral.

Oír programas de radio y música secular producía también el mismo problema. Lo último que me causaba los mismos ataques era pasar mucho tiempo en el Internet secular. No lo puedo dejar de mencionar porque eso era lo mismo que lo que hacía la televisión. Cuando yo elegía dedicar desmedido tiempo a esas actividades, era seguro que la migraña llegaba con sus ataques de dolores severos. Eran intensamente agudos y torturantes. Esos ataques no eran hereditarios. Lo que puedo creer es que yo, por medio de mis elecciones, permitía que el mundo de las tinieblas me atacara (*cf.* **1 Juan 2:15-17**). Ahora contraataco el síntoma proclamando lo que dice **Nahúm 1:9,** entre otras verdades bíblicas.

Concluyo que el resultado era que el ataque iba y venía. Pero desde que aprendí, hace años, cómo contraatacar hasta ahora he experimentado la victoria contra la migraña, y sigo en esa victoria.

¿Cómo he logrado victoria?

Evitar cantidades de alimentos o comida que experimenté que cooperaron con la migraña me ha ayudado un poco, pero lo que verdaderamente ha sido efectivo contra el ataque de migraña es no llenarme de información secular. La proclamación de la Palabra de Dios, que habla sobre sanidad y liberación, me llevó a tomar la decisión definitiva de evitar al máximo dedicar tiempo a algo que no me ayuda, por bueno que parezca. Decidí crecer en mi fe en el Señor Jesucristo todo lo que fuera posible, esto con la intervención del Espíritu Santo; permanentemente dar gracias al Señor Jesucristo, para que me ayudase a retener mi liberación; y hacer ayunos y leer más la Biblia, orar intensamente solo y con otros en proclamación.

Decidí resistir en el nombre de Jesucristo, con toda mi alma, los síntomas cuando trataran de venir. Anteriormente, los síntomas venían unas dos veces por mes y me dominaban. Ahora, de vez en cuando tratan de aparecer, pero ya llevo años que he dejado la medicina y que los síntomas no pueden dominarme y, con la ayuda del Señor Jesucristo y a medida que practico lo que me ayuda contra los ataques, esto no puede esclavizarme nunca más.

Poner en práctica lo que dice **Marcos 11:23-26** —es decir, orar con fe, perdonar y pedir perdón— es una manera más y también muy efectiva de mantener los ataques bajo control, evitando que estos se enseñoreen, produciendo la migraña.

Esta ha sido mi experiencia y creo con seguridad que puede ayudar a todo el que elija y desee poner en práctica lo que me ha ayudado a mí. Especialmente si ha buscado ayuda en otras formas y no ha tenido éxito contra los ataques.

Cuando escribo esto, hoy es 30 de julio del 2019. Estoy confiando en que mientras siga dependiendo del Señor Jesucristo y usando las armas espirituales que Él me da para vencer los ataques de enfermedad, que una y otra vez asoman para asustar, voy a estar siempre en victoria hasta que el Señor Jesucristo venga y me traslade a su reino eterno. Esto también es posible para quien/es lean este contenido.

Si ha leído esta sección y desea oración por alguna necesidad de salud u otras, Dios nos manda orar unos por otros. Dentro lo posible pida que le ayuden a orar por la situación (*cf.* **Santiago 5:16).**

En enero del 2022, dando información un hermano de la iglesia, nos invitaba a orar y ayunar por un tiempo. Mostró dos cables con enchufes: uno representaba una conexión con Dios y el otro una desconexión del mundo. Comentando después mi reflexión fue que enchufarnos en el Espíritu Santo debería ser permanente y no casual y, de igual manera, con la ayuda del Espíritu Santo, la desconexión del mundo. Esto me hacía recordar lo que sucedía con los ataques contra mi salud.

Capítulo 7:
Victoria en la educación

Negación del título y solución

Luchas y victorias con la educación. Después de haber estudiado 9 semestres para obtener un título profesional que da derecho, no solamente de aumentar la posibilidad de tener mejor empleo y economía, sino también a otros éxitos, que le denieguen a uno el título cuando solamente le faltan muy pocos créditos para terminar, no es nada fácil. Pero cuando se consigue la victoria se vive una sensación de triunfo muy agradable.

Reflexiones sobre el tema

Esto es muy difícil, especialmente cuando por razones enigmáticas se le niega a alguien la aprobación de los pocos créditos que faltan para obtener su título profesional.

Las crisis que estas situaciones ocasionan en la vida de una persona pueden ser abrumadoras. Cuando se vive la experiencia, si no hay alguien mayor a quien acudir, se puede llegar a tomar decisiones que agravan la situación.

En mi caso lo que me ayudó efectivamente a mantenerme victorioso de todo lo negativo que produce una experiencia como la que describo anteriormente fue: acudir a Jesucristo con todo mi corazón, clamando por su misericordia, ayuda y paz, proclamando mi perdón hacia las personas involucradas para que me negaran el título.

Mantenerme en una dependencia muy cerca al Señor Jesucristo fue de gran alivio psicológico durante todos los años que tuve que esperar para que se solucionara. El tiempo de lucha fue largo, pero en todo eso tuve la victoria con la ayuda del Espíritu Santo, dejando a los pies de Cristo toda la carga que implicaba para mi futuro, en relación con mi familia y mi economía, entre otras cosas.

Fue un tiempo de ejercitar paciencia todo lo que me fue posible, no dándome por vencido en la mitad del camino. Casi agoté todos los recursos para obtener ese título sin lograr éxito, pero con la ayuda del Señor, no tomé decisiones erróneas. Una y otra vez pensaba que siempre hay algo más que hacer, que la vida es hermosa y que Dios siempre tiene algo más que lo que uno desea. Esto evitó que entrara en depresión o profunda frustración. Según **Romanos 8.28,** todo nos ayuda para bien cuando tomamos las cosas con paciencia.

Al no obtener el título, algo que podía hacer eran prácticas y auscultaciones; estas me sirvieron para después tener más experiencia de trabajo como profesor de español. Después de unos años hicieron reformas del sistema educativo para pedagogos y para completar los créditos que me daría el título tenía que estudiar varios semestres.

Aunque a veces demora para que llegue la victoria, esta llega y ya llegó. Con el ánimo de algunos, pregunté sobre la posibilidad de estudiar más para obtener el título. Fui a la facultad, hablé con la guía de estudios pedagógicos, me dijo que tenía que hablar con el rector y el rector me dijo que tenía que hacer un plan con otra guía de estudios para saber que debería hacer para que obtuviera la aprobación del título.

Después de unos días, recibí la información sobre los cursos que necesitaba estudiar para completar la carrera. Aunque estaba bastante dispuesto a no seguir estudiando para lograrlo, no obstante, en medio de varias circunstancias desfavorables, tomé la decisión de intentar una vez más. Así que hice la solicitud, y el mismo rector me envió la información sobre cuándo debería empezar uno de los cursos. Tenía poco tiempo para empezar, así que informé que no estudiaría hasta el próximo periodo.

Después el Señor empezó a darme promesas de éxito, las cuales empecé a proclamar continuamente. Estas promesas están en las siguientes escrituras: **Salmos 18:14, Filipenses 1:6, Salmos 108:13** y **Salmos 59:9-10.**

Empecé en el mes de mayo, con uno de los cursos más difíciles, pero era con el primero que podía empezar. Pregunté si podía estudiar simultáneamente otro curso y eso era posible. Así que solicité estudiar dos cursos. El más difícil era un curso predoctoral. Este era el más avanzado y el que menos me gustaba.

Estudié más intenso, como nunca antes. Era un trabajo de estudios que me requería hacerlo día y noche. Muy a menudo, me despertaba a la madrugada para empezar, continuando el día con los estudios y terminando por la noche para, de esa forma, poder responder a todo lo complejo y exigente de los cursos.

Tenía que escribir una composición de uno de los cursos y una tesina del más avanzado. Los exámenes de estos dos cursos eran escritos en casa. Uno era de dieciocho páginas, a doble espacio, y el otro de veintidós, también a doble espacio.

El de las veintidós páginas era el avanzado. De este curso no solamente tenía que prestar atención y ser cuidadoso con la exigencia del nivel, sino que también tenía que cuidar la redacción, el idioma y los detalles que exigen las investigaciones académicas a nivel predoctoral y científico.

No debíamos viajar

Por algunas razones, entre otras la edad, no estaba totalmente animado para seguir estudiando. Sin embargo, decidí retomar la educación.

A mediados de junio del 2013, pensábamos salir de Uppsala con un familiar a otro lugar para descansar, pero todo se complicó. Nada funcionaba o coincidía para que saliéramos, tampoco había convicción de irnos.

Cuando abrí el correo, con el que mantenía comunicación con los profesores de la facultad de pedagogía, había un mensaje de la profesora responsable de darme las notas de la tesina, diciendo que yo debía completar el trabajo. Este curso era el avanzado y había tenido que trabajar mucho, no solamente durante el curso, también para escribir la tesina, que es un trabajo investigativo de nivel científico sobre pedagogía.

Para hacer esas investigaciones, tuve que emplear muchas horas durante el curso. A veces dormía tres o cuatro horas y me levantaba a trabajar por el resto del tiempo del día y de la noche, teniendo solamente algunos intervalos cortos.

El idioma era una de las cosas que más trabajo me producía y hacía que gastara más tiempo. Si hubiese sido en español, el trabajo anterior hubiera sido reducido a menos de la mitad del tiempo. El plazo para tener todo el trabajo en orden para que fuera aceptado era muy corto. Si no lo hubiera enviado en tiempo, corría el peligro de que tuviera que haber esperado casi un par de meses para saber la respuesta, o aún lo peor, que me anularan el curso. Esto último hubiera sido catastrófico, pensando en el tiempo y el esfuerzo que empleé durante estos estudios.

Al saber lo que tenía que hacer relacionado con el curso, quedó muy claro que no deberíamos haber viajado. Expresándonos verbalmente, entendíamos por qué no encontrábamos la forma de viajar. Nosotros nos podemos equivocar, pero el Espíritu Santo nunca y en casos como el anterior Él trabaja a favor nuestro. El resultado fue que tuve que trabajar por varios días más, completando el trabajo escrito y, de esa forma, quedó aprobado, produciendo mucha alegría y descanso en mí y también en los que influía todo ese trabajo.

El curso menos avanzado me gustaba y era más interesante; la comunicación con el profesorado era más amena. De este curso solamente tenía que escribir una composición. Una de las cosas que también me causó la inversión de mucho tiempo fue también lo del idioma; tanto este trabajo como el avanzado tuve que leerlo una y otra vez, muchas veces, buscando errores idiomáticos. Con el trabajo del curso avanzado, fueron tantas las veces que leí y con tanta minuciosidad, que no me exigieron hacer correcciones de idioma. Con el menos avanzado no fue igual la revisión que hice. Los estudiantes que no tienen sueco o inglés como idioma materno, académicamente tienen derecho de pedir ayuda con corrección de los trabajos escritos en uno de estos idiomas. La profesora que me daría la nota del curso de nivel menos avanzado, al leerlo, encontró errores idiomáticos que no permitían la aprobación del curso. La llamé y le pregunté si podía pedir ayuda a alguien que tuviera el idioma sueco como lengua materna para corregirlo. Ella aceptó. Así que fui a un lugar donde se puede recibir ayuda con corrección de idiomas y algunas damas pensionadas de trabajos relacionados con pedagogía (una estaba pensionada de doctorado). Me ayudaron. Eso me ahorró mucho tiempo, no teniendo que concentrarme buscando errores, como lo hice con el otro trabajo. Dios nos encamina en sus juicios (*cf.* **Salmo 25:9**) y nos hace andar en sabiduría cada vez que necesitamos (*cf.* **Proverbios 4:11**).

El libro prestado

Estudiando uno de los cursos, un día en octubre de 2013 tenía que prestar un libro. Se pueden prestar libros por varias semanas, por una semana, por un día o solamente para estudiarlo dentro de la biblioteca.

Encontré solamente el libro que se puede leer dentro de la biblioteca. Lo tomé y fui a otro lugar, yo deseaba prestar el que prestaban por un día porque se podía llevar a casa, pero no había.

El Señor causó que regresara al instante de donde había tomado el libro. Al llegar ahí estaba el libro que se podía prestar por todo el día. Yo podría haberme puesto a leer el libro que había cogido en la sala de estudios de la biblioteca. Pero el Señor sabía que podría tener el libro que deseaba para estudiarlo más cómodamente en casa.

Él cumple los deseos de nuestros corazones cuando hay razón (*cf.* **Salmo 37:4**) y lo hace en diferentes formas.

Cambio de tema

En octubre del 2013, en la lección de pedagogía en la facultad de la universidad, nos pedían preparar una lección a nivel académico para darla en un seminario. Cada uno teníamos que estudiar un capítulo de un libro y escribir una promemoria para la lección. Éramos cinco en el grupo, podíamos elegir el tema; yo elegí el mío, pero luego una compañera quería escribir sobre el mismo tema.

Quedaba uno más. Yo no tenía opción de elegir, así que tenía que escribir sobre el "individualismo". Yo no sabía exactamente cuales puntos trataba el tema. Cuando revisé el material no fue sorprendente, sino que fue razón de dar gracias al Señor Jesucristo, porque habiendo trabajado en un colegio, había tenido la oportunidad de ser asesor de un grupo de alumnos y bastante del trabajo que hice fue acerca del plan individual pedagógico.

Mucho del tema del capítulo que quedó trataba de lo mismo. Eso indicaba que dar la lección a nivel académico universitario y en sueco no me iba a ser demasiado difícil, ya que tenía previo conocimiento práctico del tema.

En conclusión, no fue la compañera quien cambió de capítulo. Yo creo que fue el Señor que la hizo cambiar, pensando en mí y contestando la oración de esa forma. Clamando a él, Dios contesta nuestras peticiones (*cf.* **Jeremías 33:3).**

Cómo vencer circunstancias

La última semana de noviembre 2013 me dieron el resultado del examen que me daría derecho de obtener la licenciatura especializada de profesor de bachillerato. Como fue un examen muy difícil, no lo había pasado. Fui a preguntar si había manera de hacer el examen de otra forma. Después de preguntar en uno y otro lado, la persona responsable de decidir eso me prometió que podría hacer un examen investigativo escrito en casa. Me dio alegría porque esta clase de exámenes, aunque son bastante complejos por causa de idioma, para mí me quedan más fáciles de hacer.

Después de haber regresado a casa, recibí un correo electrónico en el que me informaban de que la persona quien me había prometido había hablado de mi caso con otros de la administración de la facultad y que habían dicho que no era permitido hacer el examen en casa. Eso no fue causa de empezar a llorar, aunque por la importancia del examen sería la forma de responder a la situación o circunstancia que se presentaba en ese momento. En vez de llorar, lo que creí que era mejor hacer era ponerme a alabar al Señor y darle gracias por todo, como enseña **1 Tesalonicenses 5:16-18**. En este pasaje dice que demos a Dios gracias en todo. Esto hice cantando, gritando, saltando y proclamando que el gozo del Señor es mi fortaleza.

De esa forma el gozo se hizo más fuerte que la frustración. Al día siguiente, tenía que regresar a la facultad para hablar con la guía de estudios para tener una confirmación de que realmente era solo el examen que tenía que volver a hacer lo que me faltaba para pedir la licenciatura. Cuando le expliqué lo que deseaba saber, se puso a revisar la información de mis estudios que tienen. Encontró que el curso del examen que había hecho era un curso equivocado y que para que obtuviera la licenciatura debería hacer el curso correcto.

Ese curso debería haber sido autorizado por el rector de la facultad. Efectivamente, él había autorizado otro curso diferente. Recordé que después de que el rector lo autorizó algo no concordaba con el curso y los estudios que tenía que completar y que alguien había hecho un cambio; le comuniqué eso.

La guía revisó otros archivos y encontró que era ella que había hecho el cambio para el curso que había estudiado. El curso que había autorizado el rector no era el que había estudiado. Al encontrar esa información, ella me dijo: "Tú no debes pagar por lo que no te has comido, el curso que ya estudiaste debe ser validado para que pidas tu licenciatura".

Le dije que me enviara una confirmación de que me validaban el curso ya estudiado después de haber hecho el examen. Que yo iba a necesitar por escrito para más información y que si ella no estaba cuando necesitara la información quien tomara su lugar debería saber los cambios que se habían hecho del curso.

Nuevamente la frustración que pudo haber causado todos esos cambios la desahogué, dando gracias al Señor y esperando con paciencia.

Unos días después, recibí una carta que decía que lo único que me faltaba era hacer el examen del curso que ya había estudiado, quedando así anulada la obligación de hacer el curso que el rector había ordenado que hiciera para completar los estudios que me faltaban para recibir mi licenciatura.

"A los que aman a Dios, todas las cosas les
ayudan a bien" (**Romanos 8:28**, RVR1960).

Si no hubiera ido a preguntar y si no se hubiera aclarado lo del curso, la información equivocada habría quedado sin cambios, presentando inconvenientes educativos en el futuro. El Señor sabe cuándo y dónde hay necesidades y Él nos ayuda a solucionarlas.

El examen que me da derecho al título y la autenticación

En enero 9 del 2014, en la tarde, estuve pensando que debería revisar el correo electrónico del portal de los estudiantes de la universidad de Uppsala. Ahí envían los resultados de los exámenes. Deseaba saber si ya me habían enviado el resultado del examen que me daría el derecho de pedir formalmente el título de profesor de español e historia en los colegios de bachillerato.

Busqué la página, abrí la cuenta y luego el icono que me habían enviado y vi que era el resultado del examen. La respuesta fue positiva y había aprobado con un buen puntaje.

Me puse a proclamar la victoria danzando y cantando: "Aleluya, ya hay victoria".

Le comuniqué a mi esposa el resultado. Nos alegramos juntos y todo parecía un milagro. Por diferentes circunstancias no había sido posible terminar la meta de esos estudios, pero lograrlo deja un sentimiento de triunfo y victoria después de haber experimentado tanta oposición y dificultades para lograr obtener el examen. Dios defiende al que clama a Él día y noche (**Lucas 18:1-8).**

A fines de enero del 2014, las circunstancias no terminan, a principios de la semana fui a la facultad a preguntar si estaba en orden todo para solicitar la licenciatura. Quien me atendió estaba muy ocupada y no tenía derecho de acumular todos mis estudios para que yo pidiera el título.

Tuve que regresar al día siguiente para hablar con alguien que tenía la competencia de hacerlo. Ella me prometió que pondría todo en orden y que en una semana podría empezar a gestionar el certificado profesional.

En el transcurso del semestre solicitaré no solamente la licencia, sino que también podría solicitar la autentificación del profesorado.

Los éxitos logrados han sido después de haber tomado tiempo clamando a Dios por su intervención y de esperar con paciencia. "Llegue mi oración a tu presencia" (**Salmo 88:2,** RVR1960).

¡Ahora todos los cursos están aprobados y tengo el título y la autentificación! La intervención de Dios es infalible en situaciones como estas.

CAPÍTULO 8:
SOLUCIONES PARA LA ECONOMÍA

Soluciones a la esclavitud que puede causar la economía

Este capítulo le orientará acerca de cómo obtener solución a los posibles problemas económicos del diario vivir de familias o individuos. Lo interesante de este tema no son las cantidades, son las actitudes, motivos y formas de administrar la economía. Algunos tenemos lo básico que se necesita para vivir, otros tienen mucho o muchísimo y una gran cantidad no tiene ni lo básico que necesitan para el diario vivir.

Reflexiones sobre la economía

El contenido de este capítulo es una herramienta para saber qué se necesita empezar hacer para librarse de la esclavitud de la economía. Produce ánimo y descanso al leerlo y aplicarlo. Orienta dando soluciones valiosas a problemas económicos que personas comunes como usted y yo podemos experimentar en la vida diaria.

Se sabe a través de los medios de comunicación de informes económicos que una y otra vez nos dicen que existen personas que pueden hablar de muchísimo dinero. En otros casos nos hablan de personas que tienen lo que necesitan y de otros que viven en la miseria.

Ser demasiado rico o vivir en la miseria son dos casos extremos. En los dos y en cualquier otro caso se puede estar viviendo en la esclavitud económica. Unos pueden ser esclavos siendo dominados por las grandes cantidades de riqueza, viviendo con miedo de perderlas o con el deseo esclavizante de aumentarlas. Otros están bajo la esclavitud de la miseria, tratando de conseguir lo que necesitan, pero no les es posible obtenerlo. Otros pueden tener para lo que necesitan, pero siguen siendo esclavos. La clave para la solución de vivir en la libertad económica es la dependencia del Señor Jesucristo (*cf.* **Mateo 6:33**).

Unas veces, por tener mucho; y otras, por no tener. Pero en Proverbios encontramos un buen consejo: "mantenme del pan necesario" (**Proverbios. 30:8-9**). También en **Filipenses 4:11-13** nos enseña sobre abundancia y escasez y en **Mateo 16:26** nos advierte que nada ganamos si poseemos el mundo.

Este tema es para ayudar a aclarar el funcionamiento económico de un creyente común.

El estudio de la economía es muy amplio y hay que estudiarlo desde varios puntos de vista, porque es muy complejo. En esta sección se explica una economía desde un punto de vista bíblico e individual de un creyente común.

En el mundo secular existen multimillonarios. También hay cristianos ricos; otros tenemos lo que necesitamos y a veces algo extra para compartir con alguien que tenga más necesidad. Otros no tienen ni para lo necesario, pero todos podemos ser esclavos de la economía. Esto dependiendo, entre otras cosas, de la actitud, los motivos y deseos hacia lo que tengamos o deseemos poseer.

Una y otra vez me encuentro con personas que tocan este tema. Un ejemplo fue una vez que íbamos en taxi con unos familiares. Se empezó a hablar del tema de la salvación. El conductor reaccionó bastante fuerte y negativo con relación a ministerios cristianos con grandes economías. Su forma de pensar era que ellos eran ladrones y que le sacaban el dinero a la gente que les seguía, entre otros comentarios este era uno de esos.

Al final de la carrera, uno de los pasajeros pagó el viaje, pero el conductor no le dio de regreso el dinero que sobraba del billete con el que le pagó. El comentario del pasajero acerca del conductor fue que él estaba hablando de ladrones y que él mismo parecía uno de ellos.

Otra vez escuchando a alguien hablar positivamente del tema de la prosperidad dijo que conocía pastores con diferentes colores, olores y sabores. Estos y otros comentarios me hacen pensar que existe un desorden relacionado con la economía, aun en parte de la sociedad cristiana.

Mi actitud y con la ayuda del Señor es que, si existen ministerios cristianos que dan un uso inaceptable de la economía que pertenece al Señor, yo no debo ser el juez de ellos. Debo orar que el Señor Jesucristo los controle y que sea Él quien los juzgue. Esto me hace descansar y me libra de sentimientos de frustración y envidia, entre otros sentimientos negativos.

Algo que se debe distinguir y tomar en cuenta es si la economía de un líder espiritual proviene exclusivamente de las ofrendas y diezmos, o si viene de otras fuentes. Existen casos en que la prosperidad económica de un líder espiritual es por la buena administración de su sueldo, porque ha recibido herencias de familiares, u ofrendas dadas directamente para su uso personal, aparte del ministerio trabaja paralelamente para tener economía extra, o si alguna compañía automovilística por reconocimiento de su buen trabajo le ha regalado un coche último modelo para su uso personal. Estas, entre otras, pueden ser las formas económicas de un líder espiritual.

También hay que tomar en cuenta que para el funcionamiento normal de una iglesia o ministerio es necesario disponer de una economía que sea suficiente. Lo importante es que se le dé el uso correcto a lo que Dios provee para realizar el trabajo. Esto se logra con una buena administración y creo que muchos están de acuerdo conmigo.

Si las anteriores han sido las formas de tener prosperidad económica y no por presión de que la gente ofrende y dé diezmos para luego acumularlo a su capital personal, creo que es una prosperidad lícita y correcta.

En lo práctico existen personas con una variación económica notable. En mi caso Dios me ha dado, me da y mi confianza es que me seguirá proveyendo para lo que necesito y a veces para compartir algo con otros. Esto sin tener que estar dominado por la esclavitud económica. A veces me puedo preguntar cómo voy a funcionar con lo que sigue cuando no poseo la economía que necesito. Pero Dios siempre me ha dado la salida económica en todo.

Continuación de las reflexiones

De acuerdo con algunos pasajes bíblicos (**Proverbios 30:8-9; Filipenses 4:12-13**), Dios quiere ante todo darnos una riqueza llena de paz, gozo y seguridad interior.

También Él quiere darnos lo que necesitamos y para que podamos compartir con otros que tienen más necesidad que nosotros (*cf.* **Filipenses 4:19; Proverbios 22:9**).

Aparte de estas promesas, existen otras condiciones prácticas respaldadas por la Palabra para lograr estar libres de la esclavitud económica.

Resumidamente, las escribo aquí: no hay que ser negligente, no hay que ser perezoso, hay que trabajar, no hay que malgastar el dinero que el Señor nos da, hay que dar a la casa del Señor, hay que ser un buen administrador, y hacer presupuestos en formas de prioridades tales como: diezmo, alimentación, arriendo, electricidad, agua, teléfono, ropa, ahorros, inversiones (si está de su alcance), compartir con quienes necesiten, o ahorrar para salir en un viaje de misiones, en forma de vacaciones entre otras cosas prácticas.

Necesitamos ser sabios y entendidos, sensibles a la guía del Espíritu Santo, para saber más concretamente cómo Dios quiere que administremos nuestra economía familiar o personal. No debemos fiar a nadie (*cf.* **Proverbios. 22:26-27**). En este caso es mejor dar que ser fiador o fiar, si se está en la condición de hacerlo en una de las dos formas. La Biblia dice que el que da al pobre presta a Dios (*cf.* **Proverbios 19:17**). No debe adquirir deudas que no va a poder pagar (*cf.* **Romanos 13:7-8**). Se debe pagar todo lo que se debe, ser responsable. Como cristiano hay que ser honesto, fiel, justo, no manipular haciéndose el enfermo, compasivo, sincero, abierto, no ser creído, arrogante por lo que tiene o no tiene (si hay debilidades en estas áreas hay que buscar ayuda en el Señor).

Este tema sobre economía es para todos los que deseamos vivir una vida que no esté atada al materialismo, sino que deseamos vivir una vida de libertad, gozándonos con lo que Dios nos da, sea mucho o poco. Si a veces pasando por pruebas no tenemos por un tiempo para todo lo que necesitamos, necesitamos ser pacientes y orar. Esto lo he experimentado una y otra vez (cf. **Filipenses 4:12-13**).

Al leer en **Marcos 8:36-37**, podemos entender que somos miserables si ganamos todo y perdemos el alma. Pero Dios premia los buenos deseos (las actitudes rectas) del corazón (cf. **Salmos 37:4**).

Cuando se obtiene la solución a los problemas económicos que se presentan, se produce una sensación de descanso y seguridad indescriptible. Esta libertad se aumenta cuando se obtiene solución permanente; en Cristo se encuentra la solución permanente.

El motivo de contar estas experiencias y testimonios es que quien realizó los milagros, es decir, el Señor Jesucristo, sea glorificado y que cada lector se goce de los detalles que Dios puede realizar con y en la vida de una persona. Dios se goza de contestar nuestras oraciones cuando de corazón elegimos depender de Él, incluyéndolo en nuestra vida diaria (cf. **Salmos 37:4-5**).

En las experiencias que se narran en esta sección se puede apreciar claramente que Dios siempre muestra su fidelidad en cualquier circunstancia. Él solamente quiere que dependamos de Él de todo nuestro corazón buscando su auxilio.

Si uno no es esclavo de la economía, con la gracia del Señor, se puede mantener la confianza, el gozo y la seguridad interior, aunque en lo exterior se esté presentando una tormenta económica.

Principios espirituales y prácticos para vivir en libertad económica

La proclamación en oración fervorosa, a gritos, de corazón, como dice el **Salmo 40:1,** es parte de lo que Dios quiere que hagamos para obtener la victoria en diferentes circunstancias. Por ejemplo, en las circunstancias adversas de economía. Según investigaciones sobre temas económicos, en muchos casos el exceso de riquezas es causa de muchos problemas si es la economía la que dirige la vida. En casos contrarios, también; es decir, la ruina económica es causa de diversas calamidades.

Para que la economía no lo maneje a uno, se necesita poner en acción algunas cosas prácticas. En **Mateo 6:24-34** encontramos una variedad de principios prácticos que son herramientas para obtener soluciones económicas. Esto principios se refieren más a actitudes que a cantidades.

Unas preguntas que necesitamos hacernos en relación con la economía son las siguientes: ¿Qué actitud hacia lo económico se debe tener cuando hay lo que se necesita o no es suficiente? ¿Qué actitud debería haber en los que tienen más o muchísimo más de lo que necesitan? ¿Cuál es la actitud a lo económico de los que no tienen ni para las necesidades más básicas o de los que tienen para las necesidades básicas pero la actitud es de ser esclavos?

Según **Mateo 24:25-27,** la actitud de todos en tiempos de adversidad económica debería ser de paciencia y de confianza en el Señor y no de preocupación, desesperación o hasta depresión por causa de tener o no tener, o de no confiar en Dios.

La Palabra de Dios nos anima a poner toda nuestra confianza en el Señor Jesucristo, esto independientemente de lo que tengamos (*cf.* **Filipenses 4:12-13);** el Señor es nuestro proveedor.

Mateo 6:33 nos anima a buscar a Dios y su justicia, primeramente. Dios tiene muchas formas de proveer las finanzas o las cosas que necesitemos. En algunos casos, Dios provee a través de milagros, esto especialmente cuando se trabaja como obrero del Señor.

En la mayoría de los casos, la provisión viene por medio de un empleo o haciendo negocios.

Lo importante es que obtengamos nuestra economía limpia y honestamente. Se sabe de personas que temen al Señor y que Dios les ha bendecido en lo económico. También he leído en los medios de comunicación de individuos deshonestos que han hecho riquezas sin medida y de formas inaceptables y ahora están pasando su vida en las prisiones, pagando por lo incorrecto que hicieron.

Otros por desesperación se han deprimido y hasta se han quitado la vida, porque su confianza estaba en el materialismo y las riquezas, pero "no saben quién las recogerá" (*cf.* **Salmo 39:6**).

Necesitamos tener en cuenta los principios de la Palabra de Dios para no entrar en miseria esclavizante por tener mucho o por no tener nada (*cf.* **Proverbios 22:16**).

Desde 1974, cuando acepté al Señor Jesucristo como mi Salvador, hasta ahora, en 2024, mi economía siempre ha sido provista por medio de una dependencia muy estrecha de la fidelidad de Dios.

Las veces que no he tenido ni para lo que necesitaba con paciencia he esperado en la fidelidad del Señor y la provisión ha llegado en el momento puntual, como dice en **Filipenses 4:19**.

Desde que acepté al Señor, Él siempre me ha provisto las cosas básicas y a veces algo extra para compartir con otros, especialmente para dar a gente pobre y a las iglesias y ministerios que dan fruto de buena administración de la economía, porque si se da al rico puede suceder lo que dice **Proverbios 22:16**. Lo más importante es dar de acuerdo con la convicción que Dios nos da; esto con respecto a cantidades y a quien dar dinero o cosas.

Mi confianza es que el Señor Jesucristo siempre va a ser fiel, proveyéndome lo que necesite por el resto de mi vida.

Quiero vivir siempre el principio de este proverbio: "mantenme del pan necesario" (*cf.* **Proverbios. 30:8-9).**

Soluciones económicas en tiempos y circunstancias variadas

Las siguientes experiencias son valiosísimas para entender la fidelidad de Dios y vivir en libertad económica en tiempos difíciles. Esto que he experimentado en cuanto a economía muestra que Dios puede hacer lo mismo con cualquier persona por sencilla que sea.

No se necesita ser una persona especial a los ojos de otros para que el Señor haga milagros y para que produzca las provisiones económicas que cada individuo necesita. Él tiene cuidado de todos los que le buscan de corazón y confían en Él con tales personas no hace acepción (*cf.* **Marcos 11:23-24).**

Equivalente a tres sueldos mínimos en Chile

En **Mateo 7:7** dice que pidamos y llamemos porque el que pide recibe y al que llama se le abre. A veces necesitamos oír de Dios si es necesario llamar ayunando. Cuando se ayuna y se llama con todo el corazón, Dios viene con sorpresas excelentes como la siguiente.

Al llegar a la frontera en Arica no me permitían entrar después de orar y haberme comunicado con un pastor el Señor lo usó para ayudarme.

Trabajando en evangelismo en Antofagasta, con una iglesia, llegó el momento de ir a Argentina. Por los gastos que ya había tenido, me había quedado sin dinero para continuar el viaje.

Necesitaba por lo menos el equivalente a tres meses de sueldo mínimo en Chile, para entonces serían unos 200 dólares americanos. En ese tiempo yo todavía era un joven que estaba aprendiendo y con poca experiencia, pero ya había recibido enseñanza sobre la importancia de depender del Señor en situaciones adversas.

Oré pidiendo al Señor el dinero que necesitaba para ir a Argentina, pero el Señor no respondía. Sentí ayunar y orar en adoración, alabanza y gratitud. Oré por la necesidad específica de economía, después de un tiempo de haber orado en gratitud ya por la tardecita, estando en el auditorio de la iglesia, el pastor vino y me preguntó si podía predicar el día siguiente en el culto de la mañana del domingo.

Le dije que lo haría. Después del culto el domingo, una pareja de la iglesia con la que yo me había relacionado muy poco, vino diciéndome que ellos habían sentido de parte de Dios darme un dinero.

Me dijeron que ellos tenían un dinero ahorrado y que no sabían qué hacer con él, pero que ahora sabían que ese dinero era para mí. Me pidieron que los acompañara a casa. Ellos eran una pareja excelente, personas sensibles al Espíritu Santo. Me dieron el dinero y la suma era más o menos lo equivalente a tres meses de salario mínimo en Chile.

Si el Señor Jesucristo no hubiera hecho este milagro, yo no sé cómo hubiera podido seguir el viaje: yo no tenía a nadie que me sostuviera económicamente.

Deudas canceladas

Cuando estaba estudiando en España, llegó un tiempo en el que no tenía dinero, pero tenía que pagar la cuota. Un día uno de los lideres de la misión me llamó y hablamos de economía. Como yo no tenía entradas, me dijo que volveríamos a hablar de eso en unos días, me sentí con mucha responsabilidad y no sabía qué hacer. Me dediqué a orar y ayunar para recibir solución. La Palabra dice que no debamos a nadie nada (*cf.* **Romanos 13:7-8**).

Cuando volvimos a tocar el tema de mis finanzas, el Señor ya tenía la solución. El líder me dijo que había hablado con otros líderes y que habían acordado que no tendría que pagar la deuda acumulada, pero que si recibía dinero, que pagara lo que pudiera; la deuda era de varios miles de dólares. Al oír esto, sentí que se me quitó una carga y que recuperaba mi libertad con relación a economía.

En otra ocasión, después de haber acumulado una deuda, sentí que debía orar para que no tuviera obstáculos para el fluir de las finanzas y que pudiera pagar la deuda de unos 6000 euros al Consejo Estudiantil de la Universidad.

Por esta petición oré por unos dos años. Ahora la deuda está cancelada y después de pagarla no hemos tenido mayores dificultades económicas en la familia. Algo que hemos puesto en práctica en la vida familiar es que al final de cada año todas las facturas deben estar canceladas; esto lo hemos hecho por muchos años hasta ahora, que es el 2024.

No tener recibos para pagar antes que termine el año es una prioridad aun por encima de los regalos de Navidad. Ahora tengo convicción total de evitar tener deudas si no tengo cómo pagarlas.

Mi sueldo llegó

A fines de junio de 2009, el mes estaba terminando y mi sueldo no llegaba. Teníamos que pagar las facturas, pero gracias al Señor, aunque mi sueldo no había llegado, las facturas se pagaron.

Al no llegar mi sueldo ni recibir información de por qué no había sido enviado, un día fui en la bicicleta a dar una vuelta. Mientras viajaba, oré con todo mi corazón y con toda intensidad para que se solucionara lo de mi sueldo. El Señor respondió mi clamor (cf. **Lucas 18:1-8**).

Después de un corto tiempo me comuniqué con la persona responsable de pagarme el sueldo. Recibí una exclamación aceptada pidiendo perdón porque había olvidado hacer las transacciones de mi sueldo. Inmediatamente, se puso a hacerlas por teléfono y al día siguiente llegó mi sueldo para cubrir las necesidades existentes que habían ocasionado el pago de las facturas.

Deseaba saber algo acerca de los impuestos

En abril del 2009 deseaba saber algo acerca de los impuestos. Me puse a consultar con los libros de economía que había estudiado en el Bachillerato. Busqué y busqué y no encontré la información.

Hice una pausa. Oré pidiendo al Señor que me ayudara a encontrar la explicación. Después de haber orado y hojeado el libro, llegué a la página donde se encontraba la información, recibiendo la explicación que justo estaba necesitando en ese momento.

Fue una respuesta de oración directa. Eso produjo felicidad. "En la casa de los hombres fieles hay alegres cantos victoriosos" (**Salmo 118:15**).

Solución con la economía personal

A principios de la vida en familia, no habíamos encontrado una manera satisfactoria de funcionar con las finanzas familiares que nos sobraban, después de pagar todas las facturas. Vez tras vez oramos, pero no encontrábamos una solución adecuada.

Una vez el Señor me dio convicción de hacer algo específico. Pagamos todas las facturas, le pregunté a mi esposa sobre los gastos fijos con los que había que contar; separé lo de los gastos fijos y lo de las facturas. Cuando ya no quedaban más gastos, lo que sobraba lo dividí en tres partes iguales: una para mi esposa, otra para mi hijo y otra para mí, para los gastos personales de cada uno, según las necesidades que se presentaran.

Los ataques que venían anteriormente por medio de la incertidumbre desaparecieron. Después de un tiempo, cuando le pregunté a mi esposa cómo se sentía en relación con la nueva forma de administrar la economía que nos sobraba, después de pagar todos los gastos fijos, ella me contestó que se sentía con libertad. Yo podía confirmar eso también. En **Lucas 19:17,** en la parábola relacionada con dinero, el Señor nos dice que ser fiel en lo poco nos da derecho a tener más éxito.

Necesitamos orar pidiendo al Señor que nos ayude a administrar de la mejor manera posible la economía, así sea lo mínimo que tengamos. Es importante probar varias formas administrativas en las situaciones en que se necesitan, sin fijarlas hasta que se hayan confirmado que funcionan. Ante todo, pedir la guía y ayuda del Señor para administrar lo que recibimos.

También saber qué es lo que Dios desea que se haga. Es muy importante y produce descanso. En cuanto a nosotros y nuestras finanzas, este fue nuestro caso esta vez. Dios puede hacer cambios en las formas de administrar la economía. "Los que buscan al Señor nunca les faltará ningún bien" **(Salmo 34.10).**

¿Fue el Señor mismo que envió el sobre?

Después de los juegos mundiales de fútbol en Argentina, empecé mi regreso a Colombia. Viajé con un compañero vía Brasil. Pasamos por Bello Horizonte y nos detuvimos en Brasilia. Estando en Brasilia, nos encontramos económicamente en aprietos.

El dinero no nos alcanzaba para llegar a casa. Un día oramos específicamente por el resto del dinero que necesitábamos. Estábamos todavía orando cuando alguien mandó por debajo de la puerta del cuarto en el que orábamos un sobre. Fue sorprendente al leer lo que decía y aún más lo que contenía el sobre. En el sobre estaba escrito: "Para Juan y David, de parte de Jesucristo".

Hasta este día aún no se si el sobre fue puesto por un ángel, una persona o por el mismo Señor Jesucristo. De todos modos, el sobre contenía el dinero que faltaba para continuar nuestro viaje a casa. Lo que dice **Mateo 10:9-10** se confirmó. Dice que no hay que llevar ni plata, ni bolsa.

Viajamos durante cerca quince días por el río Amazonas, disfrutando de la exótica y maravillosa creación de Dios a los dos lados del inmenso río.

Llegamos a la ciudad de Leticia en el sur de Colombia; luego viajamos en avión a Bogotá. Allí volví a ver a mi familia, después de más o menos dos años de haber estado fuera de Colombia trabajando en evangelismo. Fueron dos años de mucha experiencia y de ver milagro tras milagro del Señor Jesucristo para mi vida.

Dificultades de obtener empleo

Cuando llegamos a Suecia, por no saber el idioma, era bastante difícil pensar tener un empleo. Una de las cosas que hice empezando fue estudiar el idioma. Seguí estudiando otros temas hasta que recibí una maestría en filosofía y letras.

Mientras estudiaba, Dios en su fidelidad me proveyó de trabajos de corto tiempo y, por estudios, recibía algo de economía. Trabajé parcialmente o por tiempo corto en algunos colegios enseñando español.

Llegó el tiempo en que no era suficiente lo que ganaba. Así que oré y, de un momento a otro, me llamaron para un trabajo como asistente personal. Este fue el primer trabajo que tuve con un sueldo alto que hasta entonces no había tenido antes. El Señor es maravilloso proveyendo en diferentes maneras lo que necesitaba, para mí y mi familia.

Éxito después de un periodo de desempleo

Durante un tiempo estuve sin empleo y a raíz de eso las finanzas empezaron a escasear. Oraba una y otra vez por solución. Un día el coordinador de la oficina de empleos me dijo que había una empresa que estaba empleando personal. Sin la autorización de la oficina, no era posible obtener este empleo. La empresa podía aceptar varias personas.

Al final fuimos solamente dos a una entrevista. Yo fui empleado a tiempo de prueba. Me habían dicho que después de trabajar dos semanas se sabría si podrían considerarme como un buen recurso para la empresa.

Cuando llegó el tiempo de definir si podía seguir trabajando, quien estaba como jefe inmediato dijo que si no me empleaban intervendría para que yo fuera empleado.

El día que se definió, la jefe de personal vino al lugar de trabajo y me peguntó cómo era el ambiente. Contesté positivamente. Me citó para que fuera a su oficina. Estando en la oficina de ella, me dijo que la otra persona tenía buenas recomendaciones, no solamente de parte de la jefatura del área donde trabajaba, sino que también de los otros compañeros de trabajo.

La versión de los compañeros era parte del todo con lo que se contaba para que una persona fuera empleada por esa empresa. En un tiempo de escasez de trabajo como el que vivíamos, pocas cosas podrían ser causa de que los otros empleados dieran un reporte negativo al departamento de la jefatura del personal, quedando el candidato al empleo eliminado.

Obtener ese empleo no fue solamente tiempo de oración, sino que también debí tener en cuenta cosas practicas dependiendo de la gracia del Señor. En varias ocasiones tuve que ejercer paciencia, comprensión y tolerancia para con los compañeros.

Una y otra vez se oía que decían: "Juan es bueno para el trabajo". Cuando fui para firmar el contrato, la jefa de personal me dijo que yo era una perla para la empresa.

Este trabajo fue una base de entrenamiento para obtener otro mucho mejor en todo sentido. Antes de terminar mi trabajo en esa empresa, un día uno de mis jefes inmediatos me dijo que estaba muy agradecido por mi trabajo y que me iba a extrañar.

El día que terminé, agradecí a unos de mis compañeros que estaban presentes por haberme ayudado a realizar el trabajo. El último día, el jefe que era responsable, esperó en su carro hasta que yo saliera, se bajó del carro y vino directamente hacia mí y me dijo que me agradecía por el trabajo y que me deseaba que me fuera muy bien en el futuro. Gracias al Señor por estos éxitos y por la repuesta a la oración.

Trabajo en Ljusdal

A mediados del 2010 buscaba empleo. En un aviso de la oficina nacional de empleos anunciaban que necesitaban un profesor de español para enseñar en el colegio de Bachillerato de Ljusdal un pueblo al norte de Estocolmo.

Los grupos eran desde el paso (nivel) 1 hasta el 5 (excepto el paso 2). Anteriormente había mandado muchas solicitudes de trabajo como profesor de español. No era fácil pensar enviar una más. Lo consideré, y como última alternativa, envié mi hoja de vida solicitando el puesto. Una y otra vez venía un poco de duda, pero no como en otras ocasiones. Después fui llamado para hacer un trabajo por un tiempo corto en el verano.

En mi interior continuaba una seguridad y una paz especial de que me iban a contactar para el trabajo del colegio. Esto duró varias semanas y cada vez que pensaba en eso no había duda.

Continuaba dando gracias al Señor Jesucristo por el empleo de profesor. Ya había empezado el trabajo indefinido al que me habían llamado. Un buen día, mientras estaba trabajando, sonó mi teléfono celular. Era la rectora del colegio de Ljusdal diciendo que habían considerado llamarme para una entrevista. Este paso era bastante avanzado, ya que durante los últimos años obtener un empleo era muy difícil.

Le pregunté cuándo podría ir. Me dio dos opciones. Le dije que le confirmaría, ya que debía pedir permiso del trabajo ocasional que tenía. Pregunté al jefe, le expliqué, y me dijo que fuera a la entrevista. Hice arreglos con lo del transporte para ir a Ljusdal.

Por causa de todo lo que sucedía, me había olvidado de que tenía una cita con el dentista. Mi esposa me llamó recordándome de eso, así que me apuré y logré hacer eso también.

Antes de ir al dentista llamé a la rectora y le confirmé que podía ir el día siguiente a la hora que me había dicho.

Al día siguiente, viajé a Ljusdal. La rectora me había dicho que me recogía en la estación de transportes. Llegué más o menos una hora más temprano, así que alcancé a almorzar. Cuando pagué el almuerzo, le pregunté al mesero indicando con la mano hacia un lugar. Si el centro era por ahí, él me dijo que no, que era por allá, indicando hacia la dirección opuesta. La razón que sucedió así es porque el pueblo es pequeño y si uno no ha estado ahí antes no es fácil saber cuál es el centro.

La tarde anterior a la entrevista, después de que regresé de la dentistería, sentí que debería prepararme en oración, intelectual, mental y profesionalmente para la entrevista. Busqué información y me preparé lo mejor que me fue posible.

En la entrevista salieron preguntas iguales o parecidas a las que había preparado. También yo había preparado preguntas que les debería hacer. En la entrevista estaba la rectora, el profesor formal de español y la profesora formal de francés. El Señor me había dado tanta seguridad que me ayudó a actuar muy naturalmente durante la entrevista. El hecho de haberme preparado con anticipación me ayudó bastante.

Cuando salí del colegio, caminé hacia el centro, mientras caminaba, pensando en las preguntas. Vino un poco de duda, pero después dejé todo y descansé en el Señor. Una pregunta que hice fue que cuándo sabría si iba a ser empleado o no. La rectora contestó que lo avisaría al día siguiente.

Pensé que, si no me consideraban como candidato al puesto, ella no iba a llamar, pero una cosa decía el pensamiento y otra cosa decía la convicción; la seguridad y la paz especial continuaban.

Al regresar al trabajo ocasional, alguien me preguntó cómo me había ido en la entrevista. Le contesté que ellos usualmente entrevistaban varios solicitantes uno a uno y que al final llamaban al que consideraban el mejor, o que tenía más cualidades profesionales.

El día siguiente, que era un día viernes, me llamó la rectora diciendo que debían entrevistar a un solicitante más y que el martes siguiente me darían la respuesta definitiva.

Por un lado, era una sorpresa, pero por la convicción y la seguridad interior que continuamente, tuve seguía confiado. El lunes yo tenía que dar respuesta hasta cuando podía trabajar en el trabajo ocasional que tenía y para eso yo debía saber si me empleaban en el colegio o no, porque si era positivo necesitaba saber la fecha de empezar en el colegio.

Durante el fin de semana, la seguridad y paz interior que me daba el Espíritu Santo en relación con el trabajo continuó; tenía una convicción fuerte que iba a obtener ese empleo.

No fue sorprendente, porque había orado. Pero sí de mucha alegría. Cuando el lunes, un poco antes de que la jefa de personal del trabajo ocasional viniera a saber cuánto tiempo podía yo trabajar ahí, la rectora me llamó para decirme que habían decidido darme el empleo a mí, en lugar de esperar hasta el martes para llamarme, como había dicho.

La convicción y seguridad que siempre tuve con respecto esto fueron puestas por el Espíritu Santo. Lo anterior confirma que Él puede mostrar por medio de convicción lo que Él se propone que uno haga. Algo más que experimenté con esto es que sucedieron varios detalles importantes.

Los familiares estaban de acuerdo, aunque eso implicaba que yo tenía que ir a vivir a otro lugar por un tiempo y estar con ellos en casa los fines de semana. Este trabajo ha sido uno de los que me han proporcionado más economía y era mucho mejor que el que tenía. "Mi Dios suplirá todo [...]" **(Filipenses 4:19)**.

Provisión de vivienda cerca al trabajo

Cuando supe que debía empezar a buscar vivienda para poder trabajar en el colegio, estaba en mi pensamiento que yo necesitaría una vivienda cerca al colegio y que fuera una vivienda amplia en la que pudiera funcionar bien.

Llegó el tiempo en el que yo debería solucionar lo antes posible lo de la vivienda. De otra manera habría sido difícil empezar. Los apartamentos que anunciaban ya los habían arrendado; la situación para obtener una vivienda se puso difícil.

Empecé a pensar que debería buscar vivienda en una ciudad cerca a la que iba a trabajar. Llamé, pregunté en uno y otro lado. En una ciudad me ofrecían un apartamento, pero tendría que viajar y el trabajo de la enseñanza requiere muchos detalles y, en mi caso, vivir cerca al trabajo implicaba una gran ayuda en relación con los detalles.

Se hablaba de que yo solamente necesitaría un cuarto con una familia. Eso implicaba que yo no podría funcionar correctamente por causa de tiempo. Yo iba a trabajar casi tiempo completo y eso implicaba que a veces yo no alcanzaría a hacer todo lo que se debería hacer cuando se dispone del tiempo necesario.

Por ejemplo, el hecho de vivir en un cuarto conllevaría a que yo tendría que compartir cocina, baño y otros servicios con los que me arrendaran la habitación.

Como se sabe, en general, con algunas excepciones, la gente es bastante detallista y exigente y eso está bien en la mayoría de los casos.

En el mío no hubiera podido responder siempre a esas exigencias, al darle prioridad a lo que requiere el trabajo de enseñar. Por ejemplo, a veces hubiera tenido que salir rápido a enseñar sin haber alcanzado a lavar la loza; esto, entre otras cosas que pueden suceder.

Al haber vivido en una habitación compartiendo los servicios con otros, eso hubiera podido causar frustración en mis arrendadores. Esta es parte de la causa por la que necesitaba una vivienda amplia para funcionar bien en el trabajo.

Seguí orando en gratitud por un lugar para vivir en Ljusdal. La convicción de que iba a encontrar un lugar cerca del colegio seguía. Un buen día llamé a la oficina municipal de arrendamientos. Les expliqué mi situación de vivienda y me dijeron que había un apartamento de dos habitaciones, cerca del colegio. Yo buscaba un apartamento de una habitación con cocina. Me dijeron que me enviarían información y un mapa para que supiera dónde se encontraba ubicado. Cuando recibí la información y vi el mapa, daba la idea de que era tan cerca al colegio justo como había estado en la convicción.

Seguí dando los pasos para obtener el apartamento y decidí que no lo tomaría sin antes verlo. Así que viajé y unos familiares de alguien que conocíamos y que viven en Ljusdal me esperaron. Ellos fueron conmigo a ver el apartamento; la señora me pregunto cómo sentía yo con relación al apartamento. Le contesté cómo sentía: no había duda de que lo tomaría en arrendamiento. Así que regresé a la oficina de arrendamientos, firmé el contrato y la respuesta a la oración se efectivizó.

Después, llegó el momento en que se confirmó la importancia de vivir cerca del colegio cuando se trabaja en la enseñanza y no se tiene carro.

Una y otra vez tenía que salir a trabajar sin poder antes lavar la loza. La lavaba cuando regresaba. Pero también más de una vez sucedió que olvidé en casa cosas importantes para enseñar y, gracias al hecho de vivir cerca a pesar de no tener carro, no me fue difícil pasar la calle regresando al apartamento para buscar lo que se me había olvidado. Así el trabajo se hacía más fácil.

El Señor es maravilloso y detallista. Él sabe lo que uno necesita y cuando se ora y se es sensible a la guía del Espíritu Santo el Señor provee de lo que es necesario. Viviendo cerca del trabajo, pude ahorrar en mi economía con relación al transporte local.

"Los que busca al Señor nunca les faltará ningún bien" **Salmo 34.10.**

Säffle, 2011

Cuando terminé el contrato de trabajo en Ljusdal, llegué a pensar que iba a ser difícil ser empleado nuevamente. Había enviado solicitudes a algunos colegios y llegó el tiempo cuando empezaron los colegios y de ninguno de los que había enviado solicitudes me llamaron.

Un buen día, cuando menos pensaba, me llamaron de uno de los colegios al que había enviado una solicitud. Me pidieron que fuera a una entrevista, así que empecé a prepararme para ir a la entrevista.

El rector no me preguntó mucho antes de decirme si estaba dispuesto de empezar a enseñar el lunes siguiente. Acepté, me dijo que el sueldo sería lo mismo que me habían pagado en el colegio anterior. Aunque tendría gastos dobles para vivienda y transporte, el sueldo era suficiente para cubrir las necesidades básicas. También por haber orado el Señor me proveyó vivienda cerca al colegio.

Antes de terminar el contrato de trabajo que tenía en este colegio, empecé a enviar solicitudes para un nuevo empleo.

Mörsil 2012

Cuando terminé el trabajo en Säffle pasaba algo parecido de lo que sucedió cuando terminé en Ljusdal, pero también un buen día de un lugar aún más distante que Säffle me llamaron para una entrevista. Este era un lugar del que menos esperaba que me llamaran para darme un empleo. Acepté ir a la entrevista y tenía que viajar parte de la noche para lograr llegar en tiempo.

El tren me había dejado en otro pueblo. Tenía muy poco tiempo para hacer el cambio de transporte. Tendría que ir en un bus y no sabía dónde quedaba la estación. Hablé con alguien que esperaba en la estación y en la conversación salió que él pasaría por el pueblo a donde tenía que ir.

Me ofreció ir con él, pero no me lo aseguró totalmente, porque él esperaba a unos amigos que lo iban a recoger en la estación. Al final fue posible viajar con ellos.

Cuando llegué al pueblito, todo me parecía tan pequeño, y pensar que era en el campo... No era tan halagador trabajar ahí. Estaba dispuesto a trabajar ahí si el Señor lo permitía.

No sabía cómo ir al colegio. Me acerqué a alguien que estaba sacando algo de un carro, pero no me prestó atención. Vino un camión grande; era el camión de la basura. Le pregunté al hombre dónde quedaba el colegio; él no me dio mucha explicación, sino que me dijo que me subiera. Era tan alto subir a la cabina que casi no se podía y estaba tan sucia que debía tener cuidado con mi ropa para no ir con ropa manchada a una entrevista con una rectora de colegio.

El hombre fue muy amable. Me llevó y me dejó en el patio del colegio. Cuando empezó la entrevista, la rectora me preguntó cómo había llegado al colegio; le expliqué y eso causó humor. Como puedo entender, fue parte de lo que Dios usó para que me dieran el trabajo. No es común que un profesor llegue a una entrevista en un camión y menos en el de la basura.

Me dieron el empleo y cuando hablamos de sueldo mi sueldo era uno de los más altos, ya que contaban con la experiencia que tenía. El Señor me había dado gracia de escribir solicitudes que producían entrevistas y gracia para prepararme para entrevistas que producían empleo. Esa fue una manera como Dios proveyó en tiempos en los que Europa y el mundo estaban siendo sacudidos por la economía y el desempleo se agudizaba. "Manténme del pan necesario..." (*cf.* **Proverbios 30:8-9**).

Ejercitando paciencia en oración se ganan victorias

Después de terminar de estudiar los cursos con los que completé toda mi educación profesional, debía recibir dinero para devolver lo que presté para pagar el arriendo del apartamento. Se presentaron varios inconvenientes que según quiénes debían pagarme; me informaron que no podría recibir el dinero.

Insistí en oración y haciendo todo lo práctico que se requería para que me pagaran. No era fácil y demoró cerca de tres meses, pero al final el Señor me dio la victoria. El dinero llegó y de esa forma podía pagar el presupuesto que ya había usado pagando el arriendo. La oración y la paciencia son armas poderosas para vencer circunstancias de diferentes tamaños.

Al Señor Jesucristo le gusta cuando somos pacientes y dependemos estrechamente de Él. A veces la respuesta demora, pero siendo insistentes y perseverantes en la oración de gratitud, la respuesta llega en el momento más oportuno. Debemos pedir insistentemente como la viuda (*cf.* **Lucas 18:1-7).**

Orar

Hay que orar que el enemigo no nos robe lo que Dios nos ha dado. El diablo vino para "robar, matar y destruir" (**Juan 10:10**). Cristo vino para darnos vida abundante y con Él todo es posible (*cf.* **Filipenses 4:12-13**). Esta cita bíblica es la favorita para vivir en libertad, evitando la esclavitud económica y en vez de ser esclavo por tener o no tener.

El principio de este mensaje bíblico es mantener la paz, la seguridad y el gozo interior que Cristo da, lo cual para mí ha sido la verdadera libertad. Esto, en medio de poseer lo necesario y también a veces experimentando la falta aun de lo más mínimo. En toda situación he aprendido a dar gracias a Dios y vivir en la felicidad interior. ¡Esta es mi riqueza verdadera!

Las riquezas pueden ser causa de la pobreza absoluta (**Salmos 49; Marcos 8:36-37**). Damos gracias al Señor por los cristianos que han logrado con su esfuerzo y trabajo una economía abundante y que por su buena administración en el temor de Dios son instrumentos de economía en las manos del Señor.

Pero nos lamentamos por los que, como describe el **Salmo 49,** han dejado o están dejando que las riquezas sean causa de la pobreza absoluta. El **Salmo 49** y otros pasajes de la Palabra de Dios nos instruyen en el tema. Algo más que debemos preguntarnos es: ¿Cuál es mi realidad espiritual en cuanto a mi economía? El **Salmo 49** puede ser una respuesta muy clara a la pregunta.

Dar

Cada vez que he tenido algo extra para dar para el trabajo relacionado con la extensión del evangelio, el Señor me ha devuelto en formas especiales; cuando he dado según los principios que están en **2 Corintios 9:6-7**, dar con gozo. El éxito de dar no tiene mucho que ver con la cantidad, pero sí mucho con la actitud. Dios quiere que demos con gozo y alegría de corazón (*cf.* **Marcos 12:41-44**). ¡Qué la economía no nos ocasione tristezas, como lo fue con el joven rico! (*cf.* **Mateo 19:16-24**).

Que no obtuviera el empleo si no era el lugar correcto

A continuación, voy a mencionar un ejemplo muy claro y específico de los muchos que suceden continuamente en la vida diaria.

Una vez había alguien que había solicitado un empleo. El Señor puso una convicción fuerte para que orara que si no era el lugar correcto que no obtuviera ese empleo. Pasaron los días. De pronto, supe que le habían prometido trabajar en otra parte en la que el ambiente espiritual era muy bueno. Creyendo que eso era lo mejor para esa persona, yo le di gracias al Señor una y otra vez.

No importa cuál sea la circunstancia: acudir al Señor Jesucristo con todo el corazón es la mejor solución.

Si el Espíritu Santo da convicción de hacer algo más en la situación, es muy importante hacer eso también. Pero el primer paso es acudir al Señor en oración de corazón. Según **Salmos 37:25,** los justos nunca mendigan.

Las circunstancias se volvieron victoria

En uno de los colegios, uno de los grupos era numeroso, por lo que se presentaron algunos inconvenientes de espacio en la sala de enseñanza. Como resultado de esa circunstancia, se hicieron dos grupos.

La rectora me pidió que hablara con las profesoras de los otros idiomas. Ellas se pusieron a mi favor, pidiendo que me dieran una sala de computación para que los alumnos entrenaran el español usando programas hechos para ese fin.

Me aumentaron el tiempo de trabajo a tiempo completo y, como resultado de eso, mi sueldo también aumentó, mejorando así mi economía. Que maravilloso es dejar que Dios pelee por nosotros y que sea Él quien controle las circunstancias (cf. **Romanos 8:28).**

Peticiones de acuerdo con la voluntad de Dios

Puedo asegurar que desde que acepté al Señor Jesucristo como el Salvador de mi alma. Todas las peticiones que he hecho en oración y, que han estado de acuerdo con la voluntad de Dios, el Señor Jesucristo me las ha contestado.

Si Jesucristo me ha contestado más del 95 por ciento de todas las peticiones, esto me da seguridad de su fidelidad. En lo narrado con relación al tema, se podrá saber cómo sucedió la salida a muchas otras situaciones con pequeños o grandes problemas.

Los inconvenientes, grandes y pequeños, se pueden aumentar, causando en muchos casos grandes dificultades cuando no hay solución; por ejemplo, ser esclavo de la economía. Con la ayuda del Señor Jesucristo es posible ser libre de la esclavitud económica.

Mi último empleo fijo

Por causa de la pandemia, tuve que terminar también el trabajo que tenía enseñando a distancia. Este fue mi último empleo antes de pensionarme de tiempo completo. A principios de enero de 2021, terminé siendo este el último mes.

La rectora me agradeció por el trabajo que realicé y me dijo que me enviarían un regalo de parte del colegio. Eso fue de ánimo. Este grupo de alumnos fue uno de los mejores. Fueron muy juiciosos y cooperantes conmigo como su profesor de español. Esto me ayudó a pensar que terminé mi tiempo de trabajo con éxito y que lo que quedaba por delante también iba a terminar con éxito.

En una ocasión, leyendo un artículo acerca de personas mayores, decía que los mayores hemos alcanzado más sabiduría y experiencia y que tendríamos una vida larga para ser útiles. Así que, según el artículo, si eres joven, anímate con este mensaje, porque cuanta más edad se tenga, más sabio/a se vuelve.

De esta forma llegué a una etapa de la vida también en victoria en lo relacionado con la economía.

CAPÍTULO 9:
EL ÉXITO FINAL Y MÁS IMPORTANTE DE MI VIDA

El éxito más importante de mi vida durante este periodo hasta hoy ha sido disfrutar de mi caminar en comunión con el Señor Jesucristo y va a seguir así siendo hasta que me vaya a cantar alabanzas al Dios de Jacob por la eternidad con Jesucristo (*cf.* **Salmo 75:9**).

El mismo triunfo y satisfacción continúan en aumento a medida que pasa el tiempo
El contenido de esta sección ayuda a reflexionar en lo que millones de millones de personas de todas las edades que creen que es lo más importante de la vida, es decir, la vida con el Señor Jesucristo.

Necesitamos cuidar lo que es más importante en nuestra vida, de otra forma lo perdemos todo. Jesús dijo:

> "¿De qué le sirve al hombre ganar el mundo entero, si perdiere la vida?" (**Marcos 8:36**).

Mucho de lo que sucedió y que está narrado en cada sección ha sido el fundamento para que poco a poco, en medio de las pruebas, alcanzara el éxito referido. Los éxitos siguen produciendo un sentimiento de triunfo y satisfacción que continúan en aumento a medida que pasa el tiempo.

Lección de español
A fines de febrero de 2015, estuve dando una lección de español en uno de los colegios de la ciudad. Los alumnos me pidieron que cantara el Himno Nacional de Colombia. Una parte del himno habla de la cruz y de quien murió ahí. Les

expliqué el significado y seguí contándoles parte de lo que escribo.

Todos empezaron a pedir que les contara más, pero por falta de tiempo, no me fue posible continuar. Lo que capté de esta experiencia es que lo narrado aquí produce ánimo.

Como ya he dicho, el éxito más importante de mi vida durante este tiempo ha sido disfrutar mi vida caminando en comunión con el Señor Jesucristo. El éxito que sigue es no salir del camino hasta que llegue a la presencia del Señor Jesucristo y permanezca ahí por la eternidad con Él.

Mantener siempre la relación espiritual con el Señor

Los milagros que Dios hizo y que narro en las diferentes secciones son causa de gozo y ánimo. Independientemente de lo que uno tiene o ha logrado y en medio de los desafíos de la vida, con Cristo todo lo bueno es posible de realizarse progresivamente.

Dios trata y guía a individuos de una forma específica y variada; no siempre lo hace de la misma forma con todos.

Quizás a usted que lee este material Dios le ha guiado a tener éxitos en varias áreas que no son las mismas en las que ha guiado a otros. Lo importante es realizar en una forma que sea para la gloria de Dios y para servir a otros lo que creemos que Él quiere que hagamos. Esto ayuda a seguir en el verdadero éxito de la vida, el cual es para todos.

Sirviendo en lo práctico

Servir en formas prácticas fue una de las herramientas clave para lograr los éxitos obtenidos. Jesús es ejemplo de lo que es ser siervo (*cf.* **Filipenses 2:5-7**).

Por años, entre otras cosas, estuve trabajando como voluntario informal, limpiando baños y aspirando pisos en las comunidades donde vivía o en las iglesias a las que asistía.

El trabajo práctico lo hacía paralelamente a otras actividades que consistían en salir en equipo de varias personas a visitar iglesias, hacer evangelismo personal, orar, ayunar e interceder por individuos, familiares, ciudades, naciones y continentes.

También orábamos por los sistemas educativos, comercio, gobiernos, sistemas económicos... Especialmente se oraba e intercedía para que la gente fuera alcanzada por el amor de Jesucristo y fuera salva. Aunque pensionado, esto último es parte de lo que continúo haciendo.

Entre otras cosas, algo que también hacía era enseñar español a algunos de la comunidad que tenían otro idioma como lengua materna.

Análisis y reflexiones de lo que Dios me ha enseñado

Todo lo que Dios me enseñó, permitió hacer y experimentar desde que acepté seguir a Cristo hasta lo último que narro en este libro ha sido maravilloso, fantástico y especial.

Sin Cristo en mi vida, no hubiera sido factible ejecutar todo lo realizado.

Todo lo bueno que disfruté y experimenté en mi caminar con Dios durante todo ese tiempo fue un privilegio que el Señor me dio y que yo no merecía. La vida con Cristo es tan buena que no se puede explicar con palabras. Hay que vivirla para entenderla.

Como ya he mencionado anteriormente, hasta los 22 años tuve una vida desagradable y perdida, sin rumbo y sin mucha esperanza, pero a partir de esa edad, después de que el Señor Jesucristo empezó a ser parte de mi diario vivir, todo empezó a ser luz, bienestar, seguridad y éxito en medio de todo lo que se presenta en esta vida.

Antes, todo era oscuro con malestares, derrotas, ansiedades y temores. Esto y muchas otras cosas negativas era mucho de lo que experimenté durante ese tiempo.

Mi deseo es que quien lea este material busque una relación y comunión espiritual con el Señor Jesucristo, la aumente y profundice. Haciendo esto aun en medio de las circunstancias experimentará una vida muy buena y gloriosa siendo mayor lo positivo de lo negativo.

Este material invita a todo cristiano y a quien lo desee a seguir una vida triunfante llena de gozo, paz seguridad y armonía, que es la verdadera riqueza que permanece para siempre.

Para algunos lo más importante de la vida pueden ser varias cosas o una en particular. Para millones de cristianos es empezar un recorrido de victoria con Cristo sin que termine en el fracaso. Es tener una permanente, estrecha relación y comunión espiritual con Dios. Cada uno de los que así creemos deseamos que esto sea lo más importante para cada ser humano.

Si no se persiste en que Jesucristo sea nuestra prioridad en todo, el fracaso ya está definido. Sería una gran lástima si uno tiene todos los éxitos en todo o mucho de lo que desea dejando lo más importante de la vida en un segundo plano.

Nuevamente, "¿De qué le sirve al hombre ganar el mundo entero, si perdiere la vida?" (**Marcos 8:36**). Según este mensaje, no solamente pierde su alma por la eternidad, sino que la paz, el gozo y la seguridad que Cristo da en esta vida se pierde también. El creyente puede llegar a no perder la salvación, pero la vida espiritual pude ser muy pobre.

El deseo de Dios es que tengamos siempre una vida espiritual abundante, llena de triunfo, como ya he mencionado; una vida llena de gozo y paz interior. Esto en medio de las luchas y toda clase de adversidades que una y otra vez se presentan en el diario vivir, pero que con la ayuda del Señor siempre tendremos victoria.

Mi deseo también es que estas experiencias que narro glorifiquen al Señor Jesucristo y que cada lector se goce de los detalles de lo que Dios puede realizar con y en la vida de una persona.

Si Dios ha puesto una convicción en su corazón de ser sembrador de las Buenas Nuevas del evangelio, no demores en hacerlo. Dios tiene formas variadas para que entreguemos el precioso mensaje de salvación. Salir en grupos de evangelismo es algo fantástico y glorioso; produce vida abundante y Jesucristo es glorificado.

Dios se goza de contestar nuestras oraciones cuando de corazón elegimos depender de Él, incluyéndolo en nuestra vida diaria (*cf.* **Salmos 37:4-5**). Dios siempre muestra su fidelidad en cualquier circunstancia. Dios solamente quiere que dependamos de Él buscando su auxilio.

Su expresión de tristeza se cambió en alegría

En un grupo de oración, una vez alguien estaba triste porque por mucho tiempo no recibía respuesta de oración.

Tuve la convicción de compartir que durante los años como cristiano una y otra vez había experimentado tiempos difíciles y que Dios da solución de diferentes formas.

En la situación que se presentaba, sentí la convicción de adorarle con todas mis fuerzas por unos cortos minutos. Después mi esposa me dijo que por la oración en alabanza y adoración que yo había hecho la persona que había manifestado tristeza había cambiado su semblante en una expresión de alegría.

En cuanto a mí, una forma de obtener la solución es ir a un lugar apartado y clamar a Dios con todo el corazón, alabar y adorar a Dios sin reservas. Esto es algo clave para todos y cada uno de quienes elijan y lo pongan en práctica.

Una y otra vez, en medio de las dificultades, alabar al Señor es la solución. Esto hace que lo que es difícil se vaya disipando y desapareciendo poco a poco. Eso me llena de seguridad, alegría y gozo en el espíritu. En otras palabras, esto funcionó en la vida de Pablo, Silas y ahora en mí; creo que también en cada uno de quien lo hace. Si no ha encontrado una forma de encontrar solución a las adversidades que se presentan, pruebe la forma anterior. Si se hace como un hábito permanente, seguro que funcionará con usted también.

Orando en alabanza, adoración y gratitud y pasando tiempo con la Palabra de Dios es lo que me produce ánimo y solución a las dificultades. También produce deseos para seguir sembrando la Palabra de Dios, compartiéndola con otros, si se hace como dice **Mateo 6:5-6,** a solas con Dios y clamando en fuerte proclamación y súplica, como dice **Salmos 130:1-2** "Atiende […] mi grito suplicante". Lo anterior es una forma fundamental para el creyente; para mantenerse firme en lo más importante de la vida, es decir, la relación espiritual con el Señor Jesucristo ahora y por la eternidad.

Capítulo 10:
Sucesos en los años más recientes, en la edad de la jubilación

Respuestas de oración en el 2023 y 2024

No era todavía mi tiempo de partir a la eternidad

El Señor ha seguido manifestando su misericordia para conmigo, contestando mi clamor y el de los que han orado en mi favor.

A fines de abril de 2023, tuve un resfriado desagradable. Al toser, salía sangre por esta razón. Llamé para informar de lo que experimentaba. Me aconsejaron ir a urgencias. Fui y estuve ahí casi todo el día. En la tarde pregunté cómo era la situación. Me dijeron que podía regresar a casa. Había comido muy poco. Regresé en bus. Cuando me bajé del bus, estando caminado a casa. Me dio un trastorno muy fuerte. Caí sobre el pavimento, golpeándome la cabeza muy duramente. Empecé a sangrar y todo daba vueltas en una velocidad muy fuerte. Quedé inmóvil y sangraba sin parar. Llegaron varias personas y luego vino la ambulancia. Me llevaron rapidísimo al hospital y el personal médico me intervino. Me cocieron la herida con ocho puntos y me dieron medicina. Este golpe fue uno de los ataques que me hizo pensar una y otra vez que mi vida sobre este mundo había terminado. Más tarde, durante el año, cuando nuevamente fue atacada mi salud, experimenté un par de veces algo igual. El 2023 fuc un año en el que hubo momentos en los que pensé que el paso a la eternidad para mí había llegado.

En este tiempo de pruebas, nuevamente estando en el hospital, experimentando algo muy fuerte, llegué a pensar en lo que le diría al personal médico como un mensaje final para que lo dieran mi familia y amigos.

Después, en medio de todo lo que sucedía, el Señor me dio esta palabra: "¡No moriré, sino que he de vivir para contar lo que el Señor ha hecho!" (**Salmos 118:17**).

Respuestas de oración a varias necesidades

En el segundo semestre del 2023, semana 44, el día lunes habíamos orado que pudiéramos lavar y usar la lavandería sin dificultades. Lavamos la ropa, la secamos y experimentamos que realizamos un trabajo satisfactorio.

Día martes: habíamos orado que pudiera hacer las compras sin dificultades en el supermercado. Cuando llegó el momento así lo que experimenté; compré los productos que necesitábamos y regresé con una convicción satisfactoria de que todo salió bien.

Día miércoles: tenía que hacer un tratamiento contra un ataque de salud. Era la segunda vez. La primera vez fue bastante fuerte con las complicaciones. La segunda habíamos orado que la medicina hiciera el buen efecto y que no hubiera complicaciones. Esta vez fue todo más fácil y sin complicaciones graves. Pasó parecido a como habíamos orado con anterioridad.

Respuestas preliminares de los tratamientos. Me dijeron que cuando hablara con el médico me diría los pasos a seguir. Por esta situación han orado mis familiares, he pedido oración a personas que oran en Canadá, un canal que transmite mensajes cristianos, amigos creyentes, una iglesia que ora por enfermos y que recibe peticiones de oración y la iglesia a la que asisto.

Cuando íbamos a orar con un hermano y amigo, le dije que confiaba que Dios estaba contestando lo que orábamos, ya que no me habían citado para más tratamientos. Sigo confiando en que el Señor me va a dar la libertad de este ataque muy pronto, como respuesta a las oraciones y ayunos que se han hecho.

No me aumentaron la medicina como había pedido en oración

A principios de diciembre del 2023, la semana 50, debía seguir los tratamientos, y para eso oramos en detalles por varias cosas. Proclamé que no me dieran más medicina de la que necesitaba, que el Señor guiara y diera convicción de hacer eso.

Cuando fui al tratamiento, me duplicaron una de las medicinas. Expliqué que me gustaría seguir con el plan que ya habían hecho y el Señor puso la convicción en el médico como habíamos orado; no me aumentó la medicina. También habíamos orado que tuviera una buena comunicación con el personal médico y así sucedió. Me escucharon mis explicaciones con atención e hicieron el trabajo que requería el tratamiento con bastante cuidado y responsabilidad. Se manifestaron bastante amables y atentos; eso fueron respuestas de oración.

Estoy confiando en que llegue el momento en el que los médicos digan que no necesito más tratamiento y medicina; esto como confirmación de que el Señor Jesucristo ha quitado totalmente el ataque a mi salud.

Algunas cosas prácticas para estar siempre en victoria

No estar ansioso y echar las cargas en el Señor (*cf.* **1 Pedro 5.7**). Aferrarse firmemente al Señor Jesucristo hasta que Él venga (*cf.* **Apocalipsis 2:2**).

Hable, escuche, piense, lea y manténgase firme en la Palabra de Dios. No acepte, rechazando y resistiendo con toda firmeza, las circunstancias negativas y los síntomas de enfermedad que regresen, y proclame la Palabra de Dios contra todo eso negativo.

Quitará todas las enfermedades de en medio de mí

5 de enero del 2024, semana 1. Hace unos días el Señor me dio una palabra: que, si adoro al Señor, Él va a quitar todas las enfermedades de en medio de mí (*cf.* **Éxodo 23:25**). Es un desafío y a la vez un privilegio ser un adorador

del Señor. Para adorarle, come dice en **Juan 4:23-24,** necesito la ayuda de Dios, para que me dé todas las formas prácticas y las herramientas necesarias para que yo le adore como Él quiere. Es decir, tener la disposición de hacerlo de todo corazón, el tiempo para estar en una intimidad espiritual con el Señor, las formas prácticas y todo lo que conlleva la adoración, aprender como Dios quiere que lo haga. Todo esto, entre otras cosas.

Con la ayuda del Señor quiero hacer eso, todo lo que sea posible para que Dios también cumpla su promesa de quitar toda enfermedad de mí. Ante todo, que sepa esperar y descansar en la guía del Espíritu Santo. Gracias por ayudarme a orar por mi salud.

Lo he compartido con algunos para que me ayuden a orar por eso.

Mensaje enviado

5 de enero del 2024. Envié el siguiente mensaje a unos amigos: "Buenos días, deseo que estén llenos de las bendiciones del Señor, como siempre. De lo que entiendo, viajan pronto. Si así es, les deseo un viaje lleno de éxitos".

Nuevo ataque contra mi salud

A principios del mes de enero del 2024 estuve con un nuevo ataque de salud. Las piernas y los pies se me inflamaron y me preocupé un poco. Llamé al centro médico y expliqué lo que sucedía. Me dijeron que fuera a urgencias. Fui y allá me dijeron que debía ir al hospital. Así que regresé a casa, pensando ir al hospital al día siguiente. Oré por salud para mis piernas y pies; otros oraron también por mí.

Al día siguiente, cuando observé mis piernas y pies, estaban casi en su normalidad. ¡Gloria al Señor Jesucristo! Fui al hospital y cuando una médica revisó mis pies y piernas solamente quedaba una pequeña inflamación en una de las piernas. Me dijo que podía regresar a casa; seguí dando gracias al Señor por total salud y un tiempo corto después mis pies estaban normales.

La inquilina intrusa ya no estaba registrada porque habíamos orado

Hace un tiempo me di cuenta de que una persona se había registrado con la misma dirección del apartamento en el que vivimos mi esposa y yo. En las páginas informativas aparecía que vivíamos tres personas; eso era preocupante. Llamé a la entidad que daba información sobre eso y que podía solucionar el problema. Pasó el tiempo y no sucedía nada, pero lo que sucedió durante ese periodo fue que, vez tras vez, oramos por solución, creyendo que iba a llegar el momento que iba a quedar arreglado. Demoró bastante tiempo, fue un periodo que teníamos que practicar paciencia y proclamar la intervención del Señor. En esa semana (la segunda del 2024) fuimos informados de que la inquilina intrusa ya no estaba registrada en nuestra dirección. ¡Gloria a Dios por esa respuesta de oración!

Respuesta de oración por la situación

En la segunda semana de enero del 2024, el año pasado, mi hijo en su trabajo solicitó una nueva forma de empleo. Oramos una y otra vez por eso para que le aceptaran. En esta semana nos informó que le habían aceptado la solicitud del cambio. Nuevamente el Señor Jesucristo contestó nuestra oración que hicimos todos los que habíamos orado por esa situación.

Una y otra vez, y bastante continuo, damos gracias al Señor por las respuestas a la oración. Lo anterior son unos de los casos más notables, pero hay muchas cosas que si no fuera porque oramos y porque el Señor nos responde, mucho no funcionaría en el diario vivir como se desea.

Análisis sobre cómo retener la salud

El 20 de enero del 2024 empecé a hacer análisis acerca de cómo retener la salud. Cuando hay personas enfermas, el tratamiento de Dios es personal e individual. En el Nuevo Testamento, encontramos ejemplos de cómo el Señor Jesucristo realizó las sanidades. Dios no siempre trata de la misma forma a todos. También hay que pensar si las personas son creyentes o no y en las diferentes situaciones de cada individuo.

Existen casos cuando la enfermedad es incurable y solamente alivian la situación con medicinas y tratamientos médicos. Si la persona es creyente, necesita orar que Dios le guie a hacer lo que cree que debe hacer y ejercer lo que dice **Hebreos 11:1.** En otros casos, la persona creyente y desahuciada acepta toda la ayuda que le ofrezcan y además busca a Dios para recibir su sanidad, que el sistema médico no le pude ofrecer.

Este último está siendo mi caso. Le he dicho al Señor en oración que Él decida a través del médico cuando debo terminar los tratamientos y cuando debo de dejar de tomar medicinas. Hay familiares conocidos y creyentes en general que han estado orando por mí en la situación. Junto con la ayuda médica, ha sido animante, en medio de todo lo que se produce cuando uno está enfermo.

Estoy confiando en la sanidad total, aunque en la información que recibí dice que no hay medicina para eso. Pero Dios es todopoderoso y ninguna enfermedad puede oponerse a Él. Lo que sí tengo entendido es que cada persona individualmente necesita poner en práctica su fe y confianza en el Señor, no solamente para recibir su propia sanidad, sino también para retenerla después de ser sana. La práctica de una forma personal de la Palabra es la herramienta principal para recibir la sanidad.

En casos, cuando hay niños pequeños enfermos que no saben cómo poner en práctica la Palabra de Dios y la fe, es necesario que un adulto creyente tome el lugar, proclamando la sanidad del niño enfermo y proclamando la Palabra en favor del niño. Lo mismo se necesita hacer cuando una persona tiene dificultades absolutas de poner su fe y la Palabra de Dios en práctica.

La práctica de la fe puede volverse una lucha que hay que ganar

Actuar como si no se estuviera enfermo no es algo fácil, pero hacer lo que esté de su alcance es algo que ayuda a actuar en fe. A veces, en medio del ataque de enfermedad, no hay las fuerzas suficientes para hacer lo que se necesita hacer; sin embargo, una y otra vez tomé la decisión de aspirar el apartamento, ir hacer compras, lavar la ropa y otras cosas más.

Después de hacerlo, tenía que descansar un poco, pero mientras descansaba daba gracias al Señor por mi salud. Hubo momentos en que era tanta la debilidad que no lograba hacer oficios; solamente usaba el tiempo para dar gracias a Dios por todo, como dice en **1 Tesalonicenses 5:18.**

Hice los tramites sin dificultades

22 de enero del 2024. Tenía que ir a pedir un nuevo pasaporte para reemplazar el que tengo porque está por vencerse. Habíamos orado para que no fuera difícil, ya que el método debía ser por medio de reservar tiempo vía Internet. Traté de hacerlo y no fue posible, así que decidí ir a preguntar en la expedición.

Había visto que abrían a las 11:00. Llegué un poco después de las 11:00. El día fue de lluvia. La nieve se derritió y eso causó que hubiera mucho hielo en los andenes. Tenía que caminar con mucho cuidado y cualquier distancia se volvía lejos. Con los pies, luchaba con el hielo y con la sombrilla tenía que parar la lluvia y el viento.

Cuando leí la información, para mi sorpresa, supe que tenía que esperar hasta las 12:00 porque lo que necesitaba saber no podía preguntarlo antes. Salí a caminar luchando con las inclemencias del tiempo. Vi que alguien se golpeó cayéndose por lo resbaloso, pero gracias a Dios Él me protegió de caídas.

Regresé un poco después de las 12:00 y quien me atendió me dijo que podía reservar tiempo para que volviera una semana después. Todo cambió cuando me dijo que a las 12:30 había posibilidad de que hiciera los tramites del nuevo pasaporte. Una convicción interna me decía: esto es la respuesta de las oraciones. Aunque tuve que experimentar momentos difíciles luchando con lo del tiempo, el Señor volvió todo para bien e hice los tramites sin dificultades, así como habíamos orado.

Sanado nuevamente de varios ataques de enfermedades

El 5 de febrero del 2024, analizando las victorias de salud, era de ánimo recordar años anteriores, cuando tuve un problema con el estómago y los médicos empezaron a hablar de operación. Oramos y oraron por mí. En agosto de 2017 visité por última vez al centro médico con relación al problema y ya había desaparecido.

En el 2023 hicieron pruebas sobre lo mismo y estaba normal. También hicieron una revisión del intestino y todo era normal.

En el 2012 empezó un problema con la vena aorta. Encontraron que había un aneurisma y también empezaron a hablar de operación. El ataque no me permitía levantar cosas pesadas y para eso necesitaba ayuda. Oramos, pedí oración y poco a poco fue desapareciendo. En 2017, cuando me hicieron el último examen, estaba normal.

Ahora sigo levantado las maletas o cosas pesadas y no tengo ningún problema. Dios contesta las peticiones.

Mensaje a familiares y amigos

26 de enero del 2024. En octubre del 2023 tuve un momento en el que pensé lo que les diría a mis familiares si el Señor me viniera a llevar. En ese momento no hubo nada en

mi pensamiento de lo que podría decirles. Después de un corto tiempo en la misma semana vino lo siguiente:

A todos mis familiares, amigos y conocidos que creen en el Señor Jesucristo, les deseo que aumenten permanentemente su relación espiritual con el Señor Jesucristo, ya que esto es primordial para mantener la salvación para la eternidad con Dios.

A los familiares, amigos y conocidos que no creen, el mensaje es que acepten la salvación que contiene el evangelio del Señor Jesucristo y que hagan lo mismo que los que ya creen. Es decir, desarrollar permanentemente su relación espiritual y personal con el Señor y Salvador Jesucristo para ir a la eternidad con Él.

He orado que el Señor use este mensaje para poner convicción en los que lo lean y ya algunos han contestado positivamente. La respuesta a la oración fue rápida.

Mensaje a amigos

El 26 de enero del 2024 escribí a unos amigos: "Deseo que se encuentren bien y disfrutando de las bendiciones del Señor. En cuanto a mí el Señor me ha estado dando una salud progresiva, últimamente he estado haciendo bastante de lo que me quedaba difícil y en algunos casos muy difícil hacer. Ahora he estado haciendo las compras en los supermercados, he estado haciendo el almuerzo y lavando la ropa, he estado saliendo a hacer mis asuntos, aspirando el apartamento, caminado tramos largos en el hielo para realizar lo que se necesitaba hacer… Se ha quitado la falta de apetito para comer y beber, he estado escribiendo experiencias y testimonios, he podido orar sin obstáculos y, en general, me siento que estoy en un progreso de salud muy bueno. ¡Gloria al Señor por todo esto, por su gran poder y su actuación de sanador divino para conmigo! Gracias por sus oraciones.

Hoy es 10 de febrero del 2024, Sigo creyendo que voy a estar libre de ataques hasta que el Señor Jesucristo venga a llevarme a la eternidad con Él y así nunca más experimentar enfermedades.

¡Día de gran victoria!

27 de mayo del 2024. ¡Día de gran victoria! Así fue, ha sido un día cálido y agradable. Tenía una cita médica. Mi confianza, mi esperanza y mi fe eran que el doctor me confirmara que debería terminar de tomar las pastillas que todavía he estado tomando.

El Señor lo confirmó, contestando mi oración y confirmando mi fe. El doctor me dijo que no necesitaba tomar más medicina. Que sentía ánimo de la recuperación de mi salud. Pregunté si se podía decir "¡gracias, buen Dios!", pensando en la recuperación de mi salud. El doctor no dijo nada, pero yo no pude aguantar más y expresé en voz alta mi gratitud a Dios.

También le di gracias al doctor por todo lo bueno que hicieron conmigo. Saliendo, me encontré con una enfermera que una y otra vez me suministró los medicamentos. Le di gracias por la ayuda que me había dado y le deseé un verano agradable.

Dios usó el sistema médico para ayudarme, pero mi convicción es que lo que ellos humanamente no pudieron hacer. el Señor lo hizo. El ataque contra mi salud, que un par de veces me hizo pensar y sentir que ya era tiempo de ir a la eternidad, el Señor Jesucristo lo destruyó, dándome una gran victoria.

Había estado restringido de estar con otros y de viajar en transporte público. Una de las situaciones más difíciles era no poder ir a la iglesia o visitar a mi hijo y su familia. Hoy el doctor me dio la libertad de nuevamente actuar con toda normalidad sin restricciones.

Aunque no voy a tomar más pastillas medicinales, no obstante, las pastillas espirituales las seguiré tomado con toda la dedicación posible. También seguir pasando tiempo en adoración, gratitud y alabanza al Señor Jesucristo. Creo que es lo que me ayuda a retener la restauración de mi salud del último ataque que me sobrevino y que ahora, por la misericordia maravillosa de Dios, soy libre.

Muchas gracias a todos y a cada uno de quienes oraron por mi salud y de quienes vinieron a casa a clamar juntamente conmigo para que fuera libre del azote contra mi salud.

El viernes de la última semana de mayo de 2024 fui a cantar con el grupo con el que había estado cantando antes de enfermarme. Cuando me encontré con algunos del grupo, una de las cosas que les dije fue que me sentía como si hubiera resucitado. No era broma; ya he mencionado anteriormente que experimenté algunas veces que la partida a la eternidad era en esos momentos.

El Señor me ha permitido seguir viviendo y creo que es con un propósito que estaré descubriendo y experimentando a medida que pase el tiempo.

Lo último relacionado con salud

A mediados de julio del 2024 vinieron unos ataques de dolores contra mis piernas. Dando algunos movimientos, el dolor me hacía gritar. Empecé a orar resistiendo el ataque y confesando que yo no necesitaba eso, y proclamando la ayuda y la dependencia del Señor. Era una lucha fuerte sentir los dolores.

El ataque duró unos días; yo seguí usando las armas espirituales contra el ataque. Es decir, dando prioridad a leer y pensar con concentración en la Palabra de Dios y orando en proclamación contra el ataque y resistiéndolo con todo mi ser.

Cuando escribí el testimonio, a fines de julio del mismo año, era tiempo de una y otra vez dar gracias al Señor Jesucristo por su actuación quitando esos dolores.

Dar gracias al Señor continuamente y sin detenerse por la respuesta por lo que se ha orado es una forma absolutamente importante y efectiva para retener la salud, si esta es la razón por la que se ha orado. También lo es cuando se ha orado por otras necesidades.

24 de septiembre de 2025. No estoy tomando ninguna medicina formulada. Por el contrario, sigo trabajando para contar lo que Dios ha hecho por otros y en otros, según la Biblia, y también lo que ha hecho por mí y en mí. Lo último lo hago por medio de este escrito o, cuando es posible, de una forma personal.

¡Gracias Señor Jesucristo por tu amor y misericordia! Sigo confesando que el Señor me ha librado de la muerte, dándome la promesa de **Salmos 118:17**, y creo que es algo que debo seguir haciendo mientras viva en esta tierra.

Un suceso muy deseado de obtener la victoria pronto

8 de octubre de 2025. Ayer me llamó un padre de uno de los niños que se habían perdido en el bosque, cerca de un río profundo. Los niños son de alrededor 3 años de edad. La madre de uno de ellos lloraba por la situación y por su puesto; eso era causa de mucha preocupación. Cuando él me explicó, pidiéndome que orara, le pedí que oráramos juntos. Proclamé lo que dice **Mateo 18:19** que, si dos o más personas se ponen de acuerdo para pedir algo en oración, la respuesta de Dios se vuelve más efectiva. Oramos por protección, para que los encontraran, y que no se hicieran daño. Fue muy corta la llamada. Pero yo seguí orando que Dios mandara ángeles, y seguí dando gracias porque los encontraran, entre otras formas de orar. Más o menos media hora después, me llegó un mensaje que los niños estaban bajo seguridad y bien. Fue el mismo padre con quien había orado quien me envió el mensaje. Mi reacción fue: "¡Me alegro! ¡El Señor nos contestó pronto!". Él me contestó: "Amén".

Todos los afectados por la situación quedamos tranquilos, sin preocupación por la situación. Gracias al Señor por su actuación.

Reflexiones finales

Los hechos ya narrados son experiencias del diario vivir de un creyente sencillo. Sin embargo, Dios puede hacer que algunos de los lectores lleguen a ver respuestas de oración de magnitudes mayores.

Entendiendo que es Dios quien causa los milagros por medio de individuos llamados por él a orar, es razón de alegrarme de las respuestas de oración que el Señor manifieste y que cada uno experimente.

Mientras que eso pueda suceder, continuemos dependiendo del Señor Jesucristo para lo que necesitamos en el diario vivir y, así como he experimentado, las respuestas de oración usted las puede vivir también.

En resumen, Dios trata personalmente con cada individuo en formas variadas. Las experiencias narradas en relación con el trabajo de evangelismo, educación, economía y salud, entre otras, han sido las formas prácticas de Dios conmigo. Esto cuando he dependido estrechamente de Él. **La dependencia de Dios en oración** es muy clave para recibir la ayuda eficaz en todas las situaciones.

AGRADECIMIENTOS

Agradezco inmensamente a todos los que trabajaron y oraron para hacer posible esta producción.

El precio de este material es para cubrir los gastos de impresión y todos los gastos que causa la distribución del mismo. Los costos de las incontables horas de trabajo para crearlo no están incluidos en el precio.

Nuestro deseo es que un precio muy razonable permita que este material esté al alcance de todos.

INVITACIÓN

Desde que acepté al Señor Jesucristo como el Salvador de mi alma a los 22 años de edad, puedo asegurar que fue el origen para poder seguir viviendo. Si no hubiera sido así, mi vida habría terminado en un desastre o ya no existiría. Al leer esta historia y las otras secciones, usted puede comprender más cómo Dios manifiesta su fidelidad con los que dependen de Él.

Si no tiene una relación personal y una comunión continua con Dios, le invito a que acepte al Señor Jesucristo como su Salvador personal.

La oración sencilla que está a continuación es parecida a la oración que hice cuando acepté al Señor Jesucristo como mi Salvador. Esto sucedió después de haber leído un libro que explicaba la vida con Cristo. Yo oré de todo corazón y, desde entonces, la paz, el gozo y la seguridad permanecen en mí vida interior hasta hoy.

Si elige lo que narro anteriormente, por favor, haga esta oración:

Señor Jesucristo, reconozco que soy pecador y que necesito la salvación. Ahora mismo te pido que perdones todos mis pecados.

Te invito a que te unas a mi espíritu, que me enseñes a vivir para ti y me llenes de tu paz y de tu gozo. Que me llenes de la seguridad total que viene de ti.

Gracias por salvarme ahora mismo y ayudarme a crecer en el conocimiento de Dios. ¡En el nombre de Jesús! Amén.

Si ha hecho esta oración y desea más información acerca de cómo seguir su caminar con Cristo o si desea comunicarse por alguna razón relacionada con los temas contenidos, por favor, póngase en contacto con nosotros.

Permítanos saber cómo este material le fue de ayuda o si desea que oremos por alguna necesidad.